ACADÉMIE DE VAUCLUSE

Sixième Centenaire

DE LA

Naissance  de Pétrarque

CÉLÉBRÉ

A VAUCLUSE ET AVIGNON

Les 16, 17 et 18 Juillet 1904

AVIGNON

FRANÇOIS SEGUIN, IMPRIMEUR-ÉDITEUR
13, rue Bouquerie, 13

1904

SIXIÈME CENTENAIRE

DE LA

Naissance de Pétrarque

ACADÉMIE DE VAUCLUSE

Sixième Centenaire

DE LA

Naissance

de Pétrarque

CÉLÉBRÉ

A VAUCLUSE ET AVIGNON

Les 16, 17 et 18 Juillet 1904

AVIGNON

FRANÇOIS SEGUIN, IMPRIMEUR-ÉDITEUR

13, rue Bouquerie, 13

1904

LIMINAIRE

Ah ! que doit être heureuse, là-haut, l'âme de Pétrarque !
Lui qui aima si passionnément la gloire et fut, par sa préoc-
cupation nerveuse du bruit courant autour de son nom, le
premier grand littérateur moderne, il a entendu, tout le
long de ce mois de juillet, comme un immense Magnificat
chanté en son honneur par l'Italie et la France, d'Arezzo à
Vaucluse, du rocher des Doms, en Avignon, à la roche sainte
du Capitole.

Et dans toutes les cités où le poète a laissé un souvenir,
toutes les cathédrales où il fut chanoine, à Milan, à Padoue,
à Venise, à Carpentras, à Bologne, sur le Rhône et sur le
Tibre, le même chant triomphal a retenti, et le nom de ce
grand ancêtre a été évoqué, acclamé par des milliers de voix,
et le vent a porté la musique de ses sonnets de la fontaine des
Trevi à la fontaine de Vaucluse, du mont Ventoux, père du
mistral qu'il n'aimait point, à ces montagnes azurées du
Latium, qu'il contemplait avec une telle tendresse du haut
des Thermes de Dioclétien.

Mais, en ce triomphe de son sixième centenaire, le nom de
Laure est associé à son nom par la piété littéraire du monde
latin. On ne songe guère à ses œuvres ascétiques, où il appa-
rut si aimable et si grave chrétien. On oublie les rôles
diplomatiques qu'il occupa, les ambassades qui lui furent
confiées et l'effort qu'il fit, par ses sollicitations et ses pam-

*phlets, pour ramener à Rome la papauté française. On ne
signale point, dans ses interminables lettres latines, l'action
naissante de la critique appliquée aux faits de la veille, aux
éventualités du lendemain. Mais c'est par ses amours, si
mélancoliques, plus platoniques qu'il n'eût souhaité, et qui
pleurèrent si harmonieusement sur sa lyre, que Pétrarque
est populaire.*

Populaire et immortel.

*Non, jamais on ne déchiffrera le mystère de cette femme
voilée, qui fut comme le symbole de l'amour de Pétrarque
pour notre vieille Provence.*

Était-ce une patricienne,

Blonde, aux yeux noirs, en ses habits anciens,

*qui passait, entourée de ses pages, dans l'ombre des églises
d'Avignon, tandis que le pauvre clerc, vainement amoureux,
embrouillait à sa vue les feuillets de son psautier ? Était-ce
une fille du peuple, une fille d'artisan, rieuse et svelte, qu'il
rencontrait, aux matins d'avril, cueillant des hyacinthes ou
des violettes dans les prairies du Rhône ? C'est le secret de
l'histoire, qui jamais ne sera révélé.*

*Et voici que nous, la postérité, nous pouvons imaginer à
notre guise le roman d'amour. Je croirais volontiers à quelque jeune veuve de haut lignage, une nièce de pape ou de
cardinal, sans doute une dame lettrée, à laquelle il expli-
quait Virgile. Il nous laisse entrevoir, par un tercet mélancolique que, parvenus tous les deux au déclin de leur jeunesse, aux premiers jours de leur automne, leur amour
rasséréné se consolait par la conversation, « alors qu'il est
permis aux amants de demeurer assis l'un près de l'autre
et de parler paisiblement de toutes choses ». J'aime à me les
figurer tous deux, en un soir de septembre, allant et venant
par les allées d'un jardin d'Avignon, cueillant les roses qui*

vont mourir, leurs fronts pâles caressés par les dernières lueurs d'un ciel très pur, échangeant de rares paroles, l'oreille bercée par le lointain murmure du Rhône et les soupirs embaumés de la Provence.

Émile GEBHART,
de l'Académie française.

(Extrait d'un article paru dans le Gaulois du 22 juillet 1904.)

6me Centenaire

DE LA

NAISSANCE DE PETRARQUE.

PRÉPARATIFS. — ORGANISATION.

Dans la séance de l'Académie de Vaucluse, du 3 mars 1904, son président, M. le baron de Vissac, s'exprimait ainsi :

« Messieurs,

« Votre Bureau a mis à l'étude ou, plus exactement, a envisagé dans sa dernière réunion, la question de la célébration du 6ᵉ Centenaire de la naissance de Pétrarque.

« Pétrarque, vous le savez, est né à Arezzo, petite ville de Toscane, le 20 juillet 1304. Le 20 juillet prochain tombera donc le six centième anniversaire de cette date mémorable.

« Pétrarque appartient à l'histoire de l'humanité par ses œuvres immortelles. Il appartient à l'histoire de la civilisation italienne, parce que, avec Dante et Bocace, il fut un des précurseurs de la renaissance, un des créateurs de la littérature italienne. Il appartient à notre histoire locale par un séjour prolongé, quoique intermittent, de 23 ans parmi nous, soit à Avignon, soit à Vaucluse, par l'éclosion de son génie, par la préparation de ses ouvrages ; il nous appartient enfin par ses amours.

« Ému de ces considérations, l'Athénée de Vaucluse, dont nous sommes la continuation, eut l'idée, en 1804, de réveiller des souvenirs un peu assoupis depuis 500 ans, et de commémorer à Avignon la naissance du poète toscan, devenu par l'exil un fils d'adoption de la Provence.

« Il se transporta à Vaucluse le 2 brumaire an XII (20 juillet 1804), posa sur les bords de la fontaine la première pierre de la colonne que l'on voit aujourd'hui sur la place du village et donna le signal de réjouissances qui se terminèrent à L'Isle-sur-Sorgue par un concours de gymnastique.

« L'Athénée ne se contenta pas d'avoir élevé un monument de pierre, il publia à ses frais la *Vie de Pétrarque,* ouvrage dû à la plume de l'abbé Roman, contenant la première traduction qui ait été faite en France de l'*Épître à la postérité.*

« Plus tard, en 1874, eut lieu à Avignon un autre centenaire, mais celui-là, de la mort du poète. Plusieurs d'entre vous en ont été les témoins. Il fut célébré au milieu de fêtes inoubliables qui se prolongèrent durant trois jours. La ville d'Arqua où Pétrarque s'est éteint, celle de Padoue qui n'en est distante que de quelques lieues, les villes de Pérouse, de Pise, l'Accademia della Crusca de Florence, envoyèrent des délégués. L'Espagne, la Provence toute entière y figurèrent par des représentants. La municipalité d'Avignon fit royalement les choses.

« Bref, en consultant ces précédents, votre Bureau s'est demandé si vous ne jugeriez pas à propos de suivre les exemples du passé.

« Mieux vaut encore, nous semble-t-il, fêter la vie que la mort ; le berceau se prête mieux à une réjouissance que la tombe.

« Une cérémonie commémorative peut être solennelle ou intime. L'Académie peut s'associer dans diverses limites aux fêtes que prépare en ce moment la ville d'Arezzo. Les pouvoirs publics, la municipalité, le Syndicat d'initiative de Provence, le Félibrige, les Sociétés littéraires et scientifiques de la région du Sud-Est peuvent ou non se joindre à nous dans une manifestation d'ensemble. Tout cela dépend des événements, des circonstances, des combinaisons adoptées. Mais, dans tous les cas, les groupements, quels qu'ils soient, ne constitueraient que des contingences à l'idée dont vous auriez eu l'initiative.

« Pour le moment, aucun programme ne saurait être formulé. La proposition se présente à vous à l'état de principe seulement. Sa perspective ne revêt à l'heure actuelle qu'une forme simplement académique, quelque chose comme une séance publique, littéraire et historique, entrecoupée d'hymnes ou de cantates, et suivie ou précédée d'un pèlerinage à la source que Pétrarque appelait la *noble Fontaine.*

« La Société compte dans son sein tous les éléments propres à assurer l'éclatante réussite d'une pareille entreprise : des poètes, dont le luth ne saurait vibrer pour une cause plus parnassique ; des dilettanti, dont l'inspiration s'éveillera à la douce mélodie des stances du canzoniere ; des artistes, que tentera peut-être la reproduction idéale ou allégorique des traits mystérieux de la mystérieuse Laure ; des littérateurs et des historiens, qui n'auront que l'embarras du choix dans les matériaux souvent explorés mais toujours inépuisables que fournissent les épisodes de l'odyssée pétrarchienne ou la chronique avignonaise au cours du XIVe siècle ; des naturalistes enfin, curieux d'analyser les roches escarpées aux pieds desquelles repose la verte Thébaïde, de rechercher les sources de la Sorgue ou de parcourir la route pittoresque de Vaucluse à Avignon, qui tantôt chemine à l'ombre des villages étagés sur les flancs de la colline, comme des villages de Grèce ou de Sicile, tantôt s'enfonce dans des vallées aussi luxuriantes que les plaines de la Lombardie.

« Aux érudits s'offrent des études encore à faire sur Philippe de Cabassole, le grand ami du poète, sur Jean et Jacques Colonna, ses illustres protecteurs, sur Nicolas Rienzi, le captif du Palais des Papes... Aux docteurs en l'art de guérir et en l'art de penser qui fourmillent dans nos rangs, la querelle de Pétrarque avec les médecins du pape ou sa querelle avec les astrologues du temps ; aux philosophes, des variations morales sur le triomphe, sur le laurier symbolique, sur le lys dans la vallée...

« Il y a dans tout cela, et en dehors, de quoi composer un charmant bouquet digne de vous et de celui qui en serait l'objet.

« Je vais donc mettre en discussion, puis je mettrai aux voix la question de savoir *si la Société accepte en principe l'idée de la célébration académique du 6ᵉ Centenaire de la naissance de Pétrarque.* »

A l'unanimité et par acclamation, l'Académie accepta la proposition et nomma sur l'heure une Commission chargée d'élaborer un programme et de préparer les voies et moyens pour la réussite du projet.

La Commission fut composée des membres du Bureau en exercice : MM. de Vissac, président ; Joleaud et Paul, vice-présidents ; Labande, secrétaire-général ; Jules de Terris, Dʳ Pansier, Dʳ Roux, présidents de section ; Bonnecaze, trésorier ; Châtelet, secrétaire des séances ; Didiée, bibliothécaire ; des anciens présidents de l'Académie actuellement en Vaucluse, savoir : MM. Bourges, Dʳ Laval, Dʳ Carre, Alexis Mouzin, Dʳ Pamard et Ducos.

Telle est l'origine des fêtes grandioses qui se sont déroulées à Vaucluse et à Avignon durant les trois journées des 16, 17 et 18 juillet 1904.

A peine l'idée mise en circulation, elle avait germé, pris corps ; elle s'était développée sous la poussée favorable de l'opinion publique et sous les encourageants commentaires de la presse, qui en faisait ressortir tout à la fois la portée généreuse et poétique et le caractère de singulière opportunité au point de vue local. Les Centenaires sont en effet entrés dans nos mœurs. On les multiplie, on les détourne même de leur but, pour en faire des occasions de propagande ou de manifestation politique. Mais quel heureux privilège pour un Centenaire que de pouvoir rallier tous les esprits, de ne froisser aucune conviction, de grouper en un seul faisceau d'union et de concorde toutes les bonnes volontés sur le terrain neutre et fécond d'une commémoration purement littéraire !

Le Syndicat d'initiative de Provence, section d'Avignon, qui, sous l'impulsion de son éminent président, M. Saint-Martin, et de son actif secrétaire, M. Fabre-Fage, ne néglige aucune occasion de rehausser le prestige de notre beau pays, de le mettre en relief, d'y attirer les étrangers et de le faire aimer en le faisant connaître, jugea que l'heure était on ne peut plus propice pour greffer une fête populaire aux solennités intellectuelles projetées par l'Académie. Depuis longtemps déjà, des vicissitudes de natures diverses avaient sevré Avignon de ces réjouissances publiques qui détendent l'esprit du travailleur, jettent une note de gaieté au milieu du labeur quotidien et apportent au commerce un appoint aussi précieux que rare. En plaçant cette fête sous les auspices de la charité, son succès n'était pas douteux.

Il convoqua à cet effet, à la salle de la Bourse, les notabilités de la ville, les chefs de service, les cercles, les syndicats professionnels, en un mot tous les éléments dont la cohésion pouvait produire l'œuvre de vie.

De cette réunion naquit le *Comité directeur* des Fêtes de charité, organisées à l'occasion de la célébration par l'Académie de Vaucluse du 6ᵐᵉ Centenaire de la naissance de Pétrarque. Ce comité, placé sous la présidence d'un homme de haute compétence et d'absolu dévouement, M. Francion, se composait comme suit :

COMITÉ D'HONNEUR.

MM. le général Peloux, commandant la 30ᵉ division militaire ;
    Masclet, préfet de Vaucluse ;
    Henri Guigou, maire d'Avignon ;
    Béraud et E. Guérin, sénateurs ;
    Abel Bernard, Coulondre, Loque et Vialis, députés ;
    De Cabissole, président du Tribunal civil ;
    Auguste Marie, président du Tribunal de commerce ;
    Gabriel Ruat, président de la Chambre de commerce ;
    Guis, président du Conseil général.

COMITÉ D'INITIATIVE ET DE DIRECTION.

Président : M. Louis Francion ;
Vice-Président : M. Alexandre Poirson ;
Trésorier : M. Louis Michel ;
Secrétaire général : M. Edmond Capeau.

COMMISSION D'ORGANISATION.

Président : M. L. Ranquet ;
Vice-Présidents : MM. Auguste Bonnard et docteur Rémy Roux ;
Secrétaire : M. Émile David ;
Secrétaire-adjoint : M. Louis Serre ;
Commissaires : MM. Dominique Capdevilla, Lefeuvre, Louis Montagné, Albert Pitras, A. Rolland, M. Roux-Renard, A. Vieillot.

COMMISSION DES QUÊTES ET FINANCES

Président : M. Pélissier ;

Secrétaire : M. Valentin Ruat ;

Commissaires : MM. Arnoux, Ferdinand Bec, Georges Bonnaud, Auguste Dellière, Estachy, A. Fabre, Fava, Gassin, Giraud de la Boulie, Marcel May, Léon Millo, Marcel Monnier, Gaston Neyrand, André Noé, Henri Pajaut, Édouard Peyron de Lajard, Casimir Terron, Vaschalde fils.

Pendant ce temps, le Bureau de l'Académie avait arrêté les bases de trois Concours : l'un poétique, en français et en provençal ; le deuxième, historique, ouvert à tous concurrents comme le premier ; enfin un troisième, artistique, réservé aux seuls artistes vauclusiens. Les programmes de ces Concours, largement publiés, avaient été reproduits même par la presse parisienne.

En voici le dispositif :

I. — CONCOURS POÉTIQUE.

Les concurrents avaient à traiter, soit en langue française, soit en langue provençale, un des sujets suivants :

> Les yeux de Laure : ce qu'ils inspirent et ce qu'ils disent. (Pétrarque a composé sur la chanson des yeux trois poésies que les Italiens appellent les Trois Sœurs ou les Trois Grâces. L'abbé de Sade les a traduites.)
>
> Le jardin de Pétrarque et le laurier symbolique.
>
> Le songe de Pétrarque (Vision de la mort de Laure).
>
> Pétrarque au Capitole.
>
> Ode à la Fontaine de Vaucluse.

Les pièces présentées à ce Concours ne devaient pas comprendre plus de 150 vers.

II. — CONCOURS HISTORIQUE.

Les concurrents avaient à traiter un des sujets suivants :

> Pétrarque et Philippe de Cabassole.
>
> Pétrarque et les Colonna.
>
> Pétrarque à Vaucluse (sa maison, son genre de vie, etc.).
>
> Pétrarque et Convenole, son professeur à Carpentras.

III. — CONCOURS ARTISTIQUE.

Le sujet imposé était un diplôme qui serait délivré aux membres de l'Académie ou à ses lauréats. Ce diplôme devait avoir comme dimensions 32 sur 40 centimètres, marges comprises, et porter le texte suivant :

> Titre : *Académie de Vaucluse.*
>
> Sous-titre : *Lettres, Sciences et Arts.*
>
> Plus bas, au commencement de 2 ou 3 lignes laissées en blanc, le mot *Diplôme.*
>
> Au-dessous :
>
> *Avignon, le* . . . . .
>
> LE SECRÉTAIRE GÉNÉRAL,   LE PRÉSIDENT,
>
> Dans l'angle gauche du bas devait être réservée la place du sceau de l'Académie.

Sur le vu de ces programmes, la section des Beaux-Arts au Ministère de l'Instruction publique s'empressait de faire parvenir à l'Académie, pour être distribuées aux lauréats des concours, au nom du ministre, deux belles estampes : *Tu Marcellus eris,* gravure de M. Jacquet, d'après Ingres, et *Le Rêve,* eau-forte de M.Giraux, d'après M. Detaille.

D'autre part, sur l'avis de la Commission, et après s'être assuré le bienveillant appui de M. le Préfet de Vaucluse, président d'honneur de la Société, le Président de l'Académie écrivait :

A M. le Ministre de l'Instruction publique et des Beaux-Arts, pour l'inviter à venir présider en personne, ou, en cas d'empêchement, par un délégué spécial, la séance solennelle du Centenaire ;

A M. le Ministre de l'Instruction publique d'Italie, pour le prier de se faire représenter aux fêtes jubilaires dont le héros, italien de naissance et français d'adoption, semblait devoir être un nouveau trait d'union entre les deux nations amies ;

Aux municipalités d'Arezzo et de Padoue, pour s'unir à elles dans une commune et sympathique commémoration ;

A l'Accademia Reale della Crusca, de Florence, qui lors des fêtes de 1874 avait tenu à honneur d'envoyer à Avignon quelques-uns de ses membres les plus distingués ;

A l'Académie française, du haut patronage de laquelle ressortissent toutes les initiatives intellectuelles ;

A MM. les sénateurs et députés de Vaucluse, qui ne se désintéressent d'aucune des œuvres utiles au département qu'ils représentent ;

A toutes les Sociétés scientifiques et littéraires de la région du Sud-Est unies dans une même confraternité intellectuelle ;

Au Félibrige provençal, continuateur des anciens troubadours au nombre desquels Pétrarque inscrivit son nom ;

Enfin, à diverses personnalités glorieusement imposées dans la circonstance, telles que MM. Mézières de l'Académie française, auteur d'un des plus remarquables ouvrages sur Pétrarque ; Pierre de Nolhac, conservateur du Musée et du Palais de Versailles, qui publia naguère *Pétrarque et l'humanisme* ; Gebhart, alors de l'Institut, aujourd'hui de l'Académie française, dont les études sur le poète toscan ont été si remarquées du monde savant ; le comte de Lasteyrie, membre tout à la fois de l'Institut et de l'Académie de Vaucluse ; Frédéric Mistral, dont le génie synthétise le génie de la Provence...

Nous donnons, en fin de volume, quelques-unes des réponses faites à l'invitation de la Société. Nous nous bornerons à reproduire ici celle du gouvernement italien, déjà publiée par de nombreux journaux, adressée au Président de l'Académie par l'entremise du Ministre des affaires étrangères de France.

**MINISTERO
DELL'ISTRUZIONE.**
Il Ministro.

———

*Le Ministre de l'Instruction publique d'Italie
à M. le Président de l'Académie de Vaucluse.*

Monsieur le Président,

L'Italie est heureuse de s'associer à la noble initiative de l'Académie de Vaucluse en l'honneur du grand poète, dont le Centenaire vient en ce moment heureux pour les deux nations, comme si son ombre glorieuse voulait donner un éclat exceptionnel à la manifestation des sentiments qui unissent les deux peuples et auxquels la ˉsainte poésie prête sa consécration idéale. ·

J'ai l'honneur pourtant de vous annoncer que le Gouvernement italien sera représenté aux solennités de Vaucluse et d'Avignon par M. le Chev. Emilio Pinchia, sous-secrétaire d'État au Ministère royal de l'Instruction publique.

Veuillez agréer, Monsieur le Président, le témoignage de ma considération distinguée.

Très dév.,
ORLANDO.

L'acceptation ne pouvait se produire sous une forme plus gracieuse. Ce n'était pas le ministre italien qui serait représenté à Avignon et à Vaucluse, mais bien le gouvernement. Il le serait par un des grands fonctionnaires de l'État. Et ce fonctionnaire était lui-même un des hommes les plus distingués et les plus populaires de son pays.

Le comte Emilio Pinchia, issu d'une noble et ancienne famille de Canova, est né, en 1852, à Turin, dont son père et son grand-père avaient été syndics. Docteur en droit de l'Université de Pise, il se lança d'abord dans le journalisme, collabora à la *Rivista,* puis publia successivement plusieurs ouvrages de littérature, parmi lesquels *Oriente e Occidente, Valdiana, I Ricordi di Tunisia.* Quelques opuscules sensationnels d'économie sociale et d'économie politique appelèrent sur lui l'attention de ses concitoyens, qui l'envoyèrent à la Chambre des députés où il siège depuis 1900 et où le libéralisme de son esprit et l'entraînement de sa parole l'ont classé parmi les orateurs les plus goûtés. C'est là que la perspicacité du souverain est venu le prendre pour lui confier, au Ministère de l'Instruction publique, la charge qu'il occupe avec une grande hauteur de vues. Son talent évocateur, enveloppé de poétique érudition, obtient toujours un succès mérité dans les fêtes de l'Art et de la Pensée, où l'on provoque sa présence.

Au physique, le comte Pinchia est un charmeur ; des yeux vifs et malicieux, brillant dans une figure pleine d'intelligence et de franchise ; un accueil simple et bienveillant qui attire la sympathie ; la saillie facile, la riposte prompte. Il est commandeur de la Légion d'honneur. Il parle notre langue comme un parisien du boulevard, dont il connaît et applique à propos même les néologismes en vogue.

Nul choix ne pouvait être plus heureux et mieux approprié au tempérament des méridionaux, qui ont pu croire que leur hôte avait vu le jour sur les bords du Rhône et non sur les rives du Pô, en Provence plutôt qu'en Sardaigne, qu'il était au moins le plus Français des Italiens.

De son côté, M. le Ministre de l'Instruction publique et des Beaux-Arts, qui avait espéré jusqu'au dernier moment pouvoir se rendre en personne à l'appel de l'Académie, mais qui avait dû y renoncer sous les exigences du pouvoir, déléguait, en son nom, un représentant spécial aux fêtes du Centenaire. Après avoir vainement jeté les yeux sur diverses sommités des arts et de l'enseignement supérieur, il désignait à cet honneur un éminent professeur à l'Université d'Aix, M. Bonafous, dont le père, alors recteur de la Faculté des Lettres, avait déjà représenté la capitale du roi René aux fêtes du Centenaire de 1874.

En même temps, le Conseil municipal d'Avignon témoignait, par une généreuse subvention, combien lui était sympathique l'idée d'une apothéose internationale du poète et de la poésie.

C'est dans ces conditions que la Commission de l'Académie et le Comité d'organisation des fêtes de charité arrêtèrent leurs programmes dont nous donnons la teneur :

PROGRAMME ÉLABORÉ PAR L'ACADÉMIE DE VAUCLUSE.

SAMEDI 16 JUILLET.

8 h. 17 du matin.	Départ de la gare d'Avignon.
9 h.	Arrêt à L'Isle-sur-Sorgue. — Aubade par la Fanfare municipale.
9 h. 1/4.	Départ en voitures pour Vaucluse.
10 h. 1/2.	Réception par la municipalité de Vaucluse.

11 h.	Visite à la Fontaine et au Jardin de Pétrarque.
Midi.	Déjeuner.

(Une table spéciale sera réservée aux invités, aux délégués des Sociétés savantes, aux membres de l'Académie de Vaucluse et à leurs familles, qui auront pris des cartes à l'avance.)

2 h. du soir.	*Séance littéraire des Jeux Floraux.*
4 h.	Concert vocal et instrumental.
5 h.	Départ pour Avignon.

DIMANCHE 17 JUILLET.

9 h. du matin.	Présentation des Délégués à la municipalité d'Avignon.
9 h. 1/2 du matin.	*Séance solennelle de l'Académie de Vaucluse,* dans la salle des fêtes de l'Hôtel-de-Ville. — Exécution de cantates. — Proclamation des lauréats des concours.
7 h. du soir.	*Banquet* offert par l'Académie de Vaucluse aux représentants des Gouvernements français et italien et à ses invités.

PROGRAMME ÉLABORÉ PAR LE COMITÉ DES FÊTES DE CHARITÉ.

SAMEDI 16 JUILLET

A 8 h. 1/2 du soir : Retraite aux flambeaux avec le concours des tambours et clairons de la garnison, de la musique du 7me régiment du Génie, de la Lyre avignonaise, de la Philharmonique avignonaise, de l'Avant-Garde avignonaise.

DIMANCHE 17 JUILLET.

Le matin, à 9 h. : Réception à l'Hôtel-de-Ville des représentants des Gouvernements français et italien.

A 9 h. 1/2 : Séance littéraire dans la salle des fêtes de l'Hôtel-de-Ville. Distribution des récompenses aux lauréats de l'Académie de Vaucluse.

Le soir, à 1 h. 1/2 : Grande Cavalcade.

A 8 h. 1/2 : Illumination des monuments et jardins publics. Concerts publics à la porte de l'Oulle, au square Saint-Martial et à la place Pie (ce dernier avec le concours des Cigalettes).

LUNDI 18 JUILLET.

Le soir, à 4 h., place de l'Horloge : Départ du ballon « Le Pétrarque », monté par M. et Mme Latruffe.

A 9 h. : Feu d'artifice tiré par la Maison Aulagne, de Monteux. Immédiatement après : Grands bals publics à la porte de l'Oulle, avec le
concours de la Philharmonique, et à la place Pie, avec le concours
de la Lyre avignonaise.

Pendant toute la durée des fêtes, matin et soir : Salves d'artillerie,
Sonneries du beffroi, etc.

Ces divers programmes furent exécutés, comme nous allons le voir,
avec l'entrain et le brio que le tempérament méridional, enthousiaste
et expansif, apporte à toutes les manifestations de l'intelligence et de
l'art.

A VAUCLUSE.

16 JUILLET 1904.

Les fêtes du Centenaire ont brillamment débuté par la journée de Vaucluse, qu'auréolèrent les rayons du magique soleil de Provence.

Dès 8 heures du matin, une foule nombreuse se pressait à la gare d'Avignon. La Cie du P. L. M. y avait très aimablement réservé, pour l'Académie de Vaucluse et ses invités, plusieurs voitures spéciales, qu'elle avait ajoutées au train de Cavaillon. Parmi les invités, signalons MM. le comte E. Pinchia, délégué du gouvernement italien ; Masclet, préfet de Vaucluse ; Guérin, sénateur ; Coulondre, député ; Guigou, maire de la ville d'Avignon ; Raqueni et Bouet, représentants de la Ligue franco-italienne ; Deltel, secrétaire général de la préfecture de Vaucluse ; Jacquet, chef du cabinet de M. le Préfet ; Saint-Martin, conseiller général, président de la section vauclusienne du Syndicat d'initiative de Provence, etc. MM. Lockroy, vice-président de la Chambre des députés ; le général Peloux, commandant la 30ᵉ division militaire ; Béraud, sénateur ; Abel Bernard, Loques et Vialis, députés ; Guis, président du Conseil général ; Pierre Devoluy, capoulié du Félibrige, etc., s'étaient excusés de ne pouvoir se joindre, du moins pour cette journée, aux membres de l'Académie de Vaucluse, pour la célébration de la mémoire de l'illustre poète. A L'Isle-sur-Sorgue, M. Frédéric Mistral, arrivé directement de Maillane, se joignait au cortège officiel.

A l'arrivée du train à L'Isle, la fanfare municipale, convoquée par la municipalité, accueillit les excursionnistes et leur donna une aubade. Malheureusement, M. Monition, maire de L'Isle et conseiller général, fut empêché par une indisposition de venir souhaiter la bienvenue à l'Académie.

Le départ eut lieu presque aussitôt pour Vaucluse dans de grands breaks et des landaus. Vers 10 heures, les voitures faisaient leur entrée dans le coquet village de Vaucluse, qui, pour la circonstance, s'était pavoisé. La municipalité avait fait dresser un arc-de-triomphe presque devant la mairie ; sur la place principale, des guirlandes de verdure, des faisceaux de drapeaux aux couleurs françaises et italiennes, formaient, pour les fêtes qui allaient se dérouler, un encadrement ravissant.

La colonne commémorative, destinée à perpétuer le souvenir de l'auteur des *Canzoni,* émergeait d'un fouillis de verdure et de draperies tricolores. Dès la veille, l'Académie avait fait sceller sur le socle une plaque de marbre portant cette inscription :

HOMMAGE A PÉTRARQUE.

ATHÉNÉE DE VAUCLUSE, 1804. — ACADÉMIE DE VAUCLUSE, 1904.

Sur la place se tenaient M. Amalbert, maire de la commune, assisté de son Conseil municipal, la société des Trompettes de Vaucluse, la musique du 58e régiment d'infanterie, venue spécialement d'Avignon, et presque toute la population du village.

Après l'exécution de l'*Hymne royal italien* et de la *Marseillaise,* M. le Maire de Vaucluse s'est avancé auprès de M. le Président de l'Académie et des représentants des gouvernements français et italien et leur a souhaité la bienvenue en ces termes :

Messieurs,

C'est un grand honneur que reçoit aujourd'hui notre commune. En son nom, j'adresse tout d'abord mes meilleurs souhaits de bienvenue à l'Académie de Vaucluse, à qui revient le mérite de l'initiative des fêtes du VIe Centenaire de la naissance de François Pétrarque. Il appartenait à cette docte assemblée, dont les travaux sont notre introduction à la connaissance parfaite des monuments archéologiques, artistiques et littéraires de notre département, de ressusciter cette noble figure de poète, de décerner au délicat psychologue, au judicieux critique, au grand patriote, au mystique penseur, ces honneurs et ces éloges.

Ils s'inclinent aussi, mes sympathiques saluts, devant le représentant du gouvernement français. La mission qu'il remplit au milieu de nous, nous proclame et ses hautes qualités qui l'ont désigné à ce choix, et la large part que la France veut prendre à l'apothéose de l'illustre auteur du *Canzoniere* et la marque distinctive de grande estime que la République attribue à l'Académie.

Le gouvernement de Sa Majesté le roi d'Italie, en s'associant à nos fêtes pétrarchéennes, glorifie l'un de ses plus populaires, de ses plus fiers et de ses plus hardis enfants. Il témoigne à la France, seconde patrie de l'ardent adorateur de Laure de Noves, sa gratitude pour sa noble hospitalité. En m'inclinant profondément et avec respect devant le comte Emilio Pinchia di Banchette, je salue en lui le sous-secrétaire d'État, le délégué de Son Excellence Monsieur le Ministre de l'Instruction publique, le digne représentant de la Nation-sœur.

Ces fêtes, humbles dans leur cadre, mais grandes par les personnages d'élite qui en sont les initiateurs, ajoutent un anneau à cette chaîne de manifestations autrement grandioses, qui se sont déroulées à Paris et à Rome et qui vont cimentant l'union de plus en plus étroite des races latines.

A cette phalange de nombreux invités, dans les rangs de laquelle la distinction native dispute la première place au mérite, à l'intelligence et au savoir, j'adresse mon plus courtois, mon plus amical, mon dernier salut.

Nos solennités vauclusiennes vont tirer de leur présence tout leur lustre, tout leur charme, tout leur éclat. Vaucluse, avec son site pittoresque et sa merveilleuse fontaine, est en liesse. Les nymphes des eaux, il est vrai, dorment leur sommeil tranquille et périodique, mais elles ne troubleront pas, comme jadis le poète s'en lamentait, avec leurs ondes jaillissantes et tumultueuses, nos concerts et nos discours.

L'âme du chantre de l'Amour plane, calme et sereine, sur cette région privilégiée. Laure et Pétrarque, que des voix plus autorisées évoqueront tantôt, après six siècles, vont réapparaître vivants et glorieux au milieu de nous.

M. le Président de l'Académie et M. le comte E. Pinchia répondirent par quelques mots aux paroles aimables de M. Amalbert ; ils le félicitèrent surtout de continuer si bien les traditions d'hospitalité qui ont fait la gloire et la renommée de Vaucluse.

Puis, sans apparat officiel, les groupes se formèrent au gré des sympathies, et des pèlerinages s'organisèrent à la célèbre fontaine, à la maison qui s'élève sur l'emplacement de la demeure de Pétrarque, au jardin qui montre encore les lauriers plantés par le poète. Sous les frais ombrages, la mémoire du canzoniere et de son amante fut évoquée ; on lut des sonnets où il célébra les douces et claires eaux de la fontaine ; on échangea des impressions littéraires, pendant que M. le Maire de Vaucluse faisait aimablement offrir un apéritif d'honneur.

Vers midi, tous se réunissaient à l'hôtel Pétrarque-et-Laure, où, par les soins de l'Académie, avait été préparé un banquet de 150 couverts.

Le Banquet.

Il était disposé en plein air, sous une tente décorée de fleurs. Au fond, d'anciens portraits de Pétrarque et de Laure.

A la table d'honneur prirent place auprès de M. le baron de Vissac, président de l'Académie, MM. le comte Emilio Pinchia, Masclet, préfet du département ; Amalbert, maire de Vaucluse, et les autres invités dont les noms ont été cités précédemment ; puis les représentants des diverses Sociétés savantes, les anciens présidents de l'Académie, MM. Pamard, Laval, Mouzin ; les membres du Bureau, etc.

Des dames, assez nombreuses, apportèrent à la réunion le charme de leur présence.

Le menu était très élégamment illustré d'un dessin de M. Gabriel Bourges, ancien président de la Société : dans un bosquet de lauriers, l'Amour présentait l'image de Pétrarque à la Gloire, qui, à son tour, déposait sur le front du poète la couronne de l'Immortalité.

La musique du 58ᵉ régiment d'infanterie, sous la direction de son chef M. Roussel, se fit entendre pendant tout le déjeuner et mérita les applaudissements qui ne lui furent pas ménagés.

Au dessert, alors que le champagne remplissait les coupes, M. le Président de l'Académie se leva et prononça le toast suivant :

Mesdames, Messieurs,

En portant à Vaucluse, dans ces lieux que la nature a embellis et que la poésie a illustrés, un toast à la mémoire de Pétrarque,

Je bois tout à la fois au fils de l'Italie et à l'hôte de la France, au poète toscan et au troubadour provençal ;

Je bois à la divine poésie, cantique de la Muse, rayon de l'âme, — à la poésie faite du cœur qui palpite, de l'esprit qui pétille, de l'amour qui brûle, — à la poésie dont Pétrarque fut le sublime interprète et à laquelle il dressa ici même un temple devenu immortel ;

Je bois à ceux qui protègent ou qui pratiquent le culte de la poésie en y associant le culte du souvenir.

De ceux-là vous êtes tous, Messieurs, qui avez bien voulu vous grouper autour de l'Académie de Vaucluse et de son président d'honneur, M. le Préfet du département, en ce jour de poétique commémoration.

De quelque horizon que vous soyez venus :

De la Ville-Lumière ou de la Ville-Éternelle ;

Des hautes sphères gouvernementales, où les idées grandes et généreuses n'ont qu'à se produire pour obtenir accueil, protection et consécration officielle (la présence du distingué représentant de M. le Ministre de l'Instruction publique et des Beaux-Arts nous en est le plus flatteur témoignage) ;

De la région parlementaire, où l'on recherche et où l'on rencontre bienveillants concours et patronages efficaces ;

Des sommets académiques, où l'on ne dédaigne pas d'encourager les initiatives provinciales, modestes peut-être, mais parfois fécondes ;

Du pays félibréen, où chante la cigale et où le cœur brinde toujours avec le patriotisme local ;

Des foyers scientifiques et littéraires, qui illuminent et qui réchauffent toute la région du Sud-Est ;

Vous apportez au poète que nous fêtons un tribut d'admiration, à nous un faisceau de bienveillantes sympathies.

Vous nous apportez, en outre, M. le Secrétaire d'État, le sourire ami de votre belle Italie, de cette Italie pleine des siècles passés, dont l'âme vibre aujourd'hui à l'unisson des nôtres, de cette Italie vers laquelle s'envolent les rêves des artistes et des poètes de tous les pays et de tous les temps. Recevez, en échange, le sourire ami de la Provence ensoleillée, de cette terre que Pétrarque appela un jour l'Italie du Nord, de cette terre qui vous offre ses remerciements et sa gratitude, en attendant que vous preniez son cœur.

A vous tous, Messieurs, j'adresse une cordiale bienvenue, ce *felix adventus* que les anciens Romains gravaient sur leurs médailles, en hommage aux personnages de haute marque et de grande distinction qui les honoraient de leur présence.

Mesdames,

En buvant à Pétrarque, je bois à Laure, sa douce compagne, dont vous rappelez parmi nous la vertu, la grâce et le charme.

Elle est vieille de 600 ans, notre chère compatriote ; voyez cependant comme elle est encore jeune et belle.

Son visage est aussi radieux que le jour où Simon de Sienne le peignit dans *le Paradis ;* son nom, doux à nos lèvres, se prolonge à travers les âges comme un son de luth, comme un accent de harpe ; son image nous apparaît dans l'atmosphère bleuie et vaporeuse où flottent les adorations. Pourquoi cela ? Pourquoi ! parce qu'elle personnifie l'Amour, l'Amour qui est éternel, l'Amour qui, après Dieu, est ce qu'il y a de plus grand dans le monde qu'il vivifie et qu'il renouvelle.

Donc, Messieurs, buvons à Pétrarque qui nous inspire l'amour de la poésie

Donc, Mesdames, buvons à Laure, qui nous révèle la poésie de l'amour.

De fréquents applaudissements soulignèrent cette gracieuse harangue.

M. le Sous-Secrétaire d'État E. Pinchia répondit à cette allocution par une improvisation émue, dont les paroles, chaudes et éloquentes, firent une impression profonde :

« Je ne sais, dit-il en substance, si j'ai su conquérir aujourd'hui le cœur de la Provence, mais depuis longtemps la Provence a conquis le mien.

« Depuis longtemps, j'ai l'âme remplie de tous les parfums, de toutes les hymnes dont elle fut la grande inspiratrice, elle qui joignit à la splendeur des idées le culte du beau.

« Si un jour Pétrarque monta au Capitole, c'est qu'il avait su depuis longtemps, en Provence, s'inspirer aux regards des femmes, au cœur des hommes.

« De cette journée splendide, de ce lieu où je retrouve comme un coin de l'Italie, je garderai le plus délicieux souvenir. Et ce laurier que j'emporte du jardin de Pétrarque me rappellera, avec l'accueil chaleureux que vous m'avez fait, votre beau ciel et votre noble Provence.

« Permettez-moi donc de boire à celui qui parmi vous a le mieux chanté cette Provence, à celui qui a traduit en des vers admirables toute la poésie de votre sol et tout le charme de votre nature, à Frédéric Mistral. »

Aux cris de : Vive Mistral ! Vive l'Italie ! Vive la Provence ! Frédéric Mistral se leva à son tour et prononça les paroles suivantes :

En responso au galant brinde que vèn de me pourta l'elouquènt e courtés representant dóu Rèi d'Itàli, iéu vous dirai, Midamo e Messiés, iéu vous dirai, gènt comte Pinchia, que la fèsto amistadouso que celebran vuei à Vau-Cluso, à l'óucasioun dóu Centenàri dóu glourious Francés Petrarco, a d'estiganço liuencho dins lou cor di Prouvençau au regard de l'Itàli.

Dins lou noum de Prouvènço eternamen reviéu la *Provincia Romana* de Sextius Calvinus, lou prouconse que foundè nosto capitalo, Ais, e de Caius Marius qu'ei-lavau à Pourriero, darrié nostis Aupiho, bateguè li Barbare e sauvè li Latin, emé l'ajudo de nòsti rèire. Li moununumen rouman soun dins noste clar païs autant superbe qu'en Itàli, e nosto lengo, dins l'istòri, porto emé proun d'ounour lou titre de « lengo roumano. »

Nosto lengo... N'es-ti pas elo que Petrarco parlavo emé la bello Lauro ? Petrarco, coume Dante, disciple soubeiran de nòsti Troubadou, noun a-ti pas rendu à si

mèstre prouvençau l'óumage e lou guierdoun de soun
amiracioun ? E poudié-ti mens faire en ausènt souna de-
longo nosto *Lengo d'Amour,* qu'èro aquelo de tóuti li
dono avignounenco, coume es encaro aquelo d'aquéli
dos poulidi prouvènçalo de Sorgo, qu'avèn lou plesi,
Messiés, de vèire rire à nosto taulo, coume es encaro
aquelo de la valènto felibresso que vai culi la joio de
nòsti Jo Flourau !

Moussu lou Comte Pinchia, beven dounc tóuti ensèn, à
Petrarco l'ilustraire de la Prouvènço e de l'Itàli, à Petrarco que creseguè à tóuti lis ideau, à Diéu, à la bèuta,
à l'amour, à la patrìo, — e quand dise à la patrìo, iéu
fau ges de despartido entre la grando e la pichoto, car la
patrìo es indivisiblo, e pèr nàutri qu'au-jour-d'uei vivèn
divinamen dins aquest amirable paradis de Vau-Cluso,
la capitalo veritablo de pouësìo e de bèuta es au-jour-
d'uei Vau-Cluso !

Les applaudissements n'avaient pas encore cessé que le déjeuner
avait pris fin et que l'on se dirigeait vers la maison, où Mlle Élysée
Tacussel avait la gracieuse amabilité d'offrir l'hospitalité à l'Académie
pour la séance des Jeux Floraux. C'était là qu'en 1874 avait déjà eu
lieu la solennité littéraire qui commémora le cinquième centenaire de
la mort de Pétrarque.

Les Jeux Floraux.

Sur l'estrade, ornée de fleurs et de drapeaux par les soins de M. le
Maire de Vaucluse, prirent place, vers 2 heures, autour du président
de l'Académie, les personnalités les plus marquantes qui s'étaient
rendues à Vaucluse.

Après un allegro militaire et l'Ouverture de *Tancrède,* exécutés
par la musique du 58e régiment d'infanterie, M. le baron de Vissac,
président de l'Académie, ouvrit la séance en ces termes :

DISCOURS DU PRÉSIDENT.

Je salue Vaucluse et la grande ombre qui plane sur elle ; je salue le premier magistrat et les édiles de la cité qui nous en font les honneurs avec une grâce parfaite ; je salue sa population tout entière qui nous y accueille comme des amis de son ancien hôte.

Quel cadre plus grandiose et tout à la fois plus intime serait-il possible de rêver pour l'inauguration d'une fête de la poésie et du souvenir ! Quels lieux plus pittoresques, imprégnés d'une aussi magique puissance d'évocation ! Nous sommes ici chez Pétrarque, au foyer même d'où son génie rayonna sur le monde.

C'est ici, au sein de cette verte Thébaïde, objet des admirations et des enthousiasmes de sa jeunesse, que Pétrarque, parvenu à l'âge mur, vint se réfugier comme dans un port inaccessible aux orages; abrité contre les tempêtes du cœur.

Il souffrait en effet d'un mal étrange contracté à Avignon, dix ans auparavant, un jour de Vendredi-Saint, mal doux et cruel, bonheur et tourment de sa vie, extase et anéantissement de son être, amour sans espoir et cependant délire d'une âme inassouvie. La vision qui lui était apparue dans la chapelle des Clarisses l'avait soudainement conquis et subjugué. Elle s'était infiltrée en lui comme une huile parfumée, élargissant sans cesse son empreinte, enfiévrant son sang d'une ardeur sans cesse refrénée par les odorances de vertu et de pureté qu'elle concentrait. Au choc répété de la passion et du devoir les énergies créatrices de son intelligence s'énervaient. Il avait soif de paix et d'isolement.

Là, pensait-il, dans le calme de la nature lumineuse ; au murmure de la fontaine mystérieuse comme la Nymphe de Campanie ou l'Aréthuse de Sicile ; sur les berges de la jolie rivière, très émue à sa source, mais promenant ensuite, paresseuse et tranquille, son onde d'émeraude

en fusion ; sous les voûtes de la forêt ombreuse s'étalant
aux pentes de la montagne comme un bois sacré de l'Attique, sa pensée redeviendrait libre, se cicatriserait sa
blessure, s'évanouirait le fantôme troublant de *sa douce
ennemie*. Là, dans l'intimité de ses livres et de ses manuscrits, dans la seule fréquentation des philosophes et
des moralistes de l'antiquité, des théologiens et des Pères
de l'Église, des écrivains de la Grèce et de Rome, il
échapperait aux attirances sensuelles et retrouverait la
sérénité du sage.

Il se trompait notre héros toscan.

« Je marchais, avouait-il plus tard, à la conquête de la
liberté, et mon âme restait réduite en servitude. » Tout
à Vaucluse lui parlait de Laure. Il la revoyait dans le fré-
missement des fougères, dans les anfractuosités du rocher, dans les ondulations de la prairie. Les bois et les
ravins devenaient les confidents de sa peine, ils pour-
raient nous en raconter la détresse.

Vainement cherchait-il un dérivatif dans les abstractions de la science, dans le délassement de l'érudition ;
vainement composait-il un premier traité sur la *Vie solitaire,* puis un second traité sur le *Loisir religieux ;* vainement esquissait-il les portraits de ses *Hommes illustres ;*
vainement entreprenait-il son gigantesque ouvrage sur
l'*Afrique*, l'oubli ne venait pas.

En revanche, le découragement le gagnait et le jetait
dans une de ces crises de morosité, dont son ami Boccace
nous a révélé la fréquence. On le voyait transformer sa rustique demeure en un *sépulcre vivant*, s'isolant du monde,
contraignant sa pensée à une somnolence léthargique.

Inutiles efforts ! Bientôt la marée du sentiment le sub-
mergeait. La vision d'antan revenait peupler sa solitude.
Il contemplait, près de lui, dans sa cellule, ce visage
aimé, « pareil, écrit-il, à une rose blanche et vermeille,
fraîchement cueillie à l'aurore par une main virginale »,
cette « chevelure qui eût fait pâlir des topazes posés au
soleil sur la neige », ces yeux devant lesquels « aucun

regard humain ne serait en sûreté », ces formes admirables « dont Zeuxis, Phidias et Praxitèle ne connurent jamais la perfection. »

Éperdu, agité par cette hantise comme la pythonisse sur son trépied, il se lançait alors dans une course vagabonde à travers l'Europe. Il traversait les Pyrénées, il traversait le Rhin ; il parcourait l'Espagne, l'Allemagne, l'Angleterre, *moestus et errabundus,* fuyant, fuyant toujours le fantôme obsédant. Et voilà que, tout à coup, on le retrouvait dans le sillage de Laure, possédé de la nostalgie de l'enchanteresse, avide de ressusciter quelque chose des enivrants ressouvenirs.

Il lui semblait qu'il ne reviendrait jamais assez vite, et, de Lyon, il adressait au grand fleuve cette touchante invocation : « Tu descends où l'amour me mène ; marche en avant. Arrête-toi dans le pays enchanté où, sur ta rive gauche, brille la radieuse beauté à laquelle j'ai voué ma vie. Baise ses pieds, baise sa main ; dis-lui dans un murmure que si je vais lentement, mon âme a des ailes. »

Mon Dieu ! pourquoi lutter davantage puisque la résistance a été héroïque, puisque l'amour est d'essence divine ! Pétrarque succombe, Pétrarque est vaincu. Mais la fanfare qui sonne la défaite du philosophe sonne en même temps le triomphe du poète et son entrée dans l'immortalité.

De ce jour, *Odes* et *Églogues, Sonnets* et *Canzoni* de prendre leur vol dans le ciel bleu, en fusées étincelantes, en harmonieuses symphonies : « J'ai souffert, j'ai pleuré, j'ai chanté. » Le génie poétique de l'ermite de la Sorgue se répand, selon l'expression de Lamartine, comme les eaux de la fontaine, avec une intarissable abondance. Leur bouillonnement répond au bouillonnement de son cœur. Et, plus fécond pour sa gloire que ses œuvres latines ou ses conceptions philosophiques, se dresse le *Canzoniere,* l'immortel Canzoniere, gravé, d'après Alfred de Musset,

Du bout d'un stylet d'or sur un pur diamant.

C'était dans le jardin où nous nous trouvions tout à

l'heure que Pétrarque avait établi son *Parnasse transalpin*. Il le raconte avec une charmante humour au cardinal Colonna dans une de ses *Lettres familières* qui renferment, à mon sens, la quintessence de son esprit. L'Épître est intitulée : *Ma guerre aux Nymphes*.

« Je possédais, dit le texte, un champ pierreux, au bord de l'eau, au pied des monts, où les Nymphes régnaient en souveraines. Je résolus de le transformer en un bocage et d'y fixer les divines Muses que l'on chasse de partout. Cela déplut aux Nymphes, qui prétendirent que j'empiétais sur leur domaine au profit d'étrangères. Vexées d'ailleurs de me voir préférer neuf vieilles sœurs à leurs frais visages, elles déchaînèrent du haut des sommets leurs torrents impétueux, qui balayèrent tout sur leur passage. » Bref, le Canzoniere dut, à grands frais, recommencer ses travaux de défense. La question de mur mitoyen resta fort longtemps en suspens entre les deux voisins tenaces, et ce ne fut que grâce à des concessions réciproques que Nymphes et Muses finirent par vivre en bonne harmonie.

Durant quinze ans, sauf d'intermittentes absences, Pétrarque séjourna dans ce délicieux ermitage qui lui était cher : « Quand je suis hors de l'Italie, avait-il coutume de répéter, je ne respire qu'à Vaucluse. »

Lorsqu'il voyageait, il emportait Vaucluse avec lui. Et si, au loin, sa Muse énamourée retrouvait parfois le rythme de ses mélopées vauclusiennes, il disait alors à ses vers : « Partez, mes chants d'amour, franchissez la haute montagne, allez m'attendre sous ce ciel pur et serein, à l'ombre du vert laurier qui embaume l'air de son parfum, auprès de la fraîche fontaine. C'est là que résident mon cœur et Celle qui me l'a ravi. »

Et lorsque la mort eut ravi à son tour Celle qui *avait ravi son cœur*, il revint pleurer à Vaucluse, errant comme un corps sans vie,

> Redemandant sa Laure à l'écho du vallon,
>
> (DELILLE.)

exhalant une des plaintes les plus douloureuses qui soient sorties de l'âme humaine.

Ces lieux sont bien beaux par eux-mêmes, Messieurs, et le paysage y revêt un singulier caractère d'originalité et d'imprévu.

Mais le souvenir de Pétrarque et de Laure, éternellement enlacés pour la postérité, comme les amants de Ravenne, les enveloppe d'un charme bien autrement saisissant. Les deux ombres bénies les animent encore en remontant le cours des âges. Vaucluse participe de l'immortalité de son poëte. On ne concevrait pas plus Vaucluse sans Pétrarque que Pétrarque sans Laure.

Ah ! combien je comprends l'essor des cœurs sensibles vers l'azur éthéré des amoureuses légendes ! Qui n'a pas eu sa Laure ? Il monte, léger et agile, au-dessus du portique du temple de la Constance jusqu'au frontispice où est inscrit le mot *Toujours*. De même que les anciens faisaient du Styx le fleuve de l'oubli, la tradition locale a fait de la Sorgue la source incontestée de la fidélité dans le souvenir. Aussi, voit-on encore pastourelles et jouvençaux, couples juvénilement assortis, tremper avec confiance dans l'eau de la fontaine la main qui porte l'anneau des fiançailles ; puis, rassurés par ·cette ablution préservatrice, aller danser gaiement sous la coudrette, ayant au corsage une touffe diaprée de ces herbes folles cueillies sur la montagne sainte.

Il n'est pas, depuis 600 ans, un penseur, un artiste, un poëte, un sensitif qui ait traversé notre contrée méridionale sans venir à Vaucluse y vivre un instant du passé qu'elle rappelle. Sur ce sentier sinueux que nos pieds foulaient ce matin ont passé des générations de pèlerins. Rois et princes ont pu s'y convaincre que la couronne du poëte n'est pas la plus fragile des couronnes. Les plus grands esprits de l'univers, — la liste en serait interminable, — ont chanté sa gloire. A l'exemple de Mlle de Scudéry ou de Mme Deshoulières, de beaux yeux y ont versé des pleurs.

A votre tour, Mesdames et Messieurs, vous venez, en ce jour de séculaire anniversaire, déposer un bouquet de remembrance, une fleur de souvenir, au pied de la colonne commémorative élevée il y a cent ans par l'Athénée de Vaucluse. Eh bien ! s'il est vrai, comme on l'assure, que les âmes des trépassés hantent parfois les lieux qu'elles ont habités, qu'elles ont aimés pendant leur vie mortelle, l'âme de Pétrarque doit tressaillir d'aise en voyant l'affluence des visiteurs qu'attire aujourd'hui sa mémoire et l'hommage solennel qui monte vers lui.

Et maintenant je vous dirai comme disait le poète : Allez, chants d'amours, de souvenirs et d'allégresses, allez, bardes et troubadours modernes, et prouvez à Pétrarque attentif que la Provence est toujours demeurée la terre de la poésie.

Après ce discours, vivement applaudi, M. le comte Pinchia et les personnes inscrites au programme, distribué à l'assistance, prirent la parole, déclamèrent les poésies ou lurent les mémoires ci-après reproduits dans leur ordre.

VALCHIUSA

PAR M. LE COMTE EMILIO PINCHIA.

A Costantino NIGRA.

Lo spirto di Petrarca volto al cielo
sostando di Valchiusa alla fontana,
vaporar vide sul cangiante velo
le cortesie dell' età lontana.

Allor la cara imagine sovrana
limpida traspari nel fondo gelo
dell' acqua cristallina e quella vana
ombra il compunse dell' antico zelo.

Ma, spingendolo il volo in paradiso,
della sembianza angelica il sorriso
gli apparve, che sorgeva da un aurora.

Lieve di rosa colorando il viso,
ella si volse, il guardo tenne fiso
ver lui, dicendo : Ti ricordi ancora ?

VAUCLUSE

par M. Paul Manivet.

Un rocher. Quelques toits. C'est un obscur village.
Nul laurier enchanté dans la Sorgue ne croît.
C'est la beauté des champs simple et sans étalage.

La fontaine s'ignore et personne n'y croit.
La Poésie, un jour, passe, s'arrête et chante :
Et la Gloire soudain se pose en cet endroit.

Pétrarque emplit ce val de son amour touchante ;
Son tourment, par l'écho sans cesse répété,
Nous attire ; et ce lieu désormais nous enchante.

Pour peupler de ces rocs la morne immensité,
Il a suffi, parti d'un cœur meurtri qu'il brise,
D'un cri d'amour, — dans tous les cœurs répercuté !

Et la foule, depuis, de ces cîmes éprise,
Délaissant, pour un jour, les serviles labeurs,
S'attendrit aux sonnets qui chantent dans la brise.

Du couple elle revit les sublimes ardeurs,
Recueille leurs soupirs épars dans la ravine ;
Et plus d'un rafraîchit son âme à leurs candeurs.

Et l'on suit, pas à pas, leur idylle divine.
Leurs chastes entretiens, par la source rythmés,
Dans l'haleine du soir, parfois, on les devine.

Et ces bords, pour toujours, en restent embaumés.
Vaucluse, à tous les yeux, tout à coup se révèle,
Parce que deux grands cœurs, ici, se sont aimés.

Et la voix de ses flots monte plus solennelle.
Humble asile de paix, la Gloire a mis, depuis,
Sur ta beauté rustique une beauté nouvelle.

La fontaine inconnue est le mystique puits
Où d'idéal et d'art tout un peuple s'abreuve.
Pourtant rien n'est changé. Toujours le même buis.

Sur tes chemins abruptes pas une pierre neuve,
Ni sanctuaire au dieu qui sacra l'horizon ;
Pas de stèle non plus dont le vœu nous émeuve.

Mais sur nos fronts songeurs passe un pieux frisson.
Une indicible soif d'infini nous tourmente ;
La nature et les cœurs vibrent à l'unisson.

Là, toute homme est poète et toute femme amante !
Et dans l'austérité biblique de ce val,
Se peut-il qu'un serment ou qu'une strophe mente ?

Le culte est dans notre âme et l'hommage mental.
Voilà pourquoi chacun croit entendre la Muse
Soupirer dans la source en notes de cristal.

Là, depuis six cents ans, la fleur d'amour recluse
Pour les cœurs résignés ne fleurit pas en vain.
D'un rocher ignoré Pétrarque a fait Vaucluse,

Et d'un amour terrestre un sentiment divin.

VAU-CLUSO

par Mlle E. HOUCHART.

Texte provençal du poème couronné par l'Académie de Vaucluse
(prix hors série).

Quand Petrarco èro eici, que Vau-Cluso èro bello !
Sei couelo, dins lou cèu, semblavon s'esvarta,
Festounejant l'azur 'mé sei ro de dentello,
De mounte davalavo un cant de fadarello
      Dedins l'inmensita.

Soun castelas rouina, qu'eilamoundaut va béure
Lou rebat dóu soulèu sus lei niéu barrulant,
Aro, quouro à soun flanc la pèiro pòu plus viéure,
L'enmantello dedins uno embrassado d'éure,
E seguis, languidous, soun pantai de cènt an !

La Sorgo, lindo e puro, à la voues d'alegresso,
Tre qu'a pouscu sourgi dóu toumple souloumbrous,
Espousco de gisclet jouious la secaresso
De la figuièro pendoulado, qu'es mestresso
      Dóu gourg misterious !

Ounte vas ? D'ounte siés ? Sourgueto cantarello ?
Quet mount, à toun neissoun, as fa ploura d'amour ?
Dóu grand Ventour siés-ti la fiho clarinello ?
Dins quente recantoun de coumbo encantarello
Pèr la proumièro fes as rescountra lou jour ?

Sèns cregne dei voulcan l'alenado qu'abrando,
Auriés-ti visita lou sourne Garagai ?
O l'Esterèu, treva pèr la feruno bando
De Capitan ?... O tu, que làrgues la gau grando,
      'Mé lou cant dóu travai !...

VAUCLUSE

par Mlle E. HOUCHART.

Texte français du poème couronné par l'Académie de Vaucluse
(prix hors série).

Quand Pétrarque était là, que Vaucluse était belle !
Ses monts dorés vibraient, joyeux, sur le ciel clair,
Découpant, dans l'azur, leur cîme de dentelle,
D'où descendait un chant plaintif de tourterelle,
Dans l'immensité calme et tiède du grand air !

Son manoir féodal, embrasé de lumière,
Fier, sut toujours braver l'outrage des autans !
Maintenant, de ses murs s'il sent trembler la pierre,
Il la retient avec une étreinte de lierre,
Et poursuit, mollement, son rêve de cent ans !

La Sorgue chante avec une verte allégresse :
Ses eaux, étrangement limpides, sous les cieux
Ont des miroitements d'ineffable tendresse,
En berçant le figuier, qui pare de jeunesse
Le gouffre enténébré... profond... mystérieux !...

Où vas-tu ?... D'où viens-tu ?... source du sombre abîme !
Quel mont, en jaillissant, fis-tu pleurer d'amour ?
Es-tu du grand Ventoux la fille au front sublime ?
Dans quel flanc de rocher, sur quelle haute cîme,
Au pied de quel massif as-tu reçu le jour ?

Viens-tu du Garagai, cratère aux lèvres mortes ?
Du rocher dentelé qui pare Montmirail ?
De l'Estérel as-tu franchi les sombres portes ?
O toi, qui charmes tout et qui partout apportes
La fortune, la joie et le chant du travail !

Aflouro plan-planet lei calanco moussouso,
Lei ro qu'as poutouna soun tóutei tremoulant !
Ta verdeto frescour, sutilo, armouniouso,
Retipo : lei blacas, la glèiso pietadouso,
La terro apasiado e lou blanc nivoulan !

Vai lipa douçamen lei pèd nus dei platano,
Ounte brihon lei peis, dintre lei frisoun verd ;
Fai restounti, jouious, lou calumet dei cano,
Pèr bressa lou pantai dei tranquilei cabano,
          Que douermon dins lou sèr !

Petrarco ! sies vengu deis amour abrandanto
Semena pèr eici lei plagnun trampelant ;
Aro, dins lou ressouen, ta voues encaro canto,
E l'aiglo celestiau, dins la lusour l'aganto,
Se cres pouèto, e jito un quilet barbelant !...

Coule paisiblement, Sorgue voluptueuse,
Les rochers caressés par toi sont tout joyeux !
Ta fraîcheur d'émeraude, unique, harmonieuse,
Reflète les grands monts et l'église pieuse,
La grâce de la terre et la clarté des cieux !

Coule joyeusement près des vertes cabanes.
Des poissons argentés irisent ton miroir !
Emporte des esquifs les blondes tarlatanes ;
Berce le rêve ému des tranquilles platanes,
Qui, penchés sur tes eaux, s'endorment dans le soir !

O Pétrarque ! tu vins de ton amour touchante
Y semer les soupirs troublants ; et maintenant,
C'est ta voix, dans l'écho, qui tressaille et qui chante ;
Et l'aigle qui palpite en la clarté mourante,
L'écoute, et pousse un cri de poète, en planant !...

PETRARCO AU CAPITÒLI
par M. F. Favier.

Poème couronné par l'Académie de Vaucluse
(Concours provençal : Premier prix).

Se l'amour n'èro pas, dequé sarié la vido ?

Avié quita Roubert e vers Roumo, amourous
Di rai dóu soulèu d'or e di bais de l'èr tousc,
S'enanavo inchaiènt. Pensavo. Lou Pouèto,
— Que sias enfant, pamens, quand la glòri vous guèto, —
Pensavo à la douçour dóu païs papalin,
D'Avignoun que vesié, pereilamount, alin,
Emé si bèu jouvènt, si chato à la car mato,
I sen gounfle de sabo e qu'un rèn desacato,
Is iue grand e dubert ansindo que de flour ;
Escoutavo lou brut, eila, dins la liuenchour,
Dóu Ventour couloussau poupla d'oumbro e d'esglàri,
Dóu Rose majestous que rousigo li bàrri,
Di poutoun abrasa dè l'amado à l'ama ;
E sentié lou fremin, éu, d'aièr desmama,
Di caresso d'amour tant sabourouso, esquiso,
Courre sus soun coutet pessuga pèr la biso
Eissaurado dóu mount de ros' e d'or cubert.
E landavo vers Roumo. Avié quita Roubert,
Soubeiran glourious de la vilo de Naple,
Pleno dóu bramadis de la mar e dóu chaple
Que lou Vesuvi fai di vignarès daura
E di palais de mabre e d'ònis, lavoura
Pèr la man di Rouman — la raço majouralo. —
Cubert de soun mantèu, de sa raubo pourpralo,
S'enanavo inchaiènt e pensavo...

Autant-lèu
Qu'arribè dintre Roumo un grand rai de soulèu

L'enveloupè subran d'uno clarta saurino.
Lis arpo s'unissien au son di mandoulino,
Li cant resclantissien dins l'eterno ciéuta
Dis art e de l'amour, cepoun de la Bèuta.
Lou pople l'atendié, li femo lou belavon,
Lis enfant lou voulien e li rèi... l'espèravon.

Li troumpeto d'argènt quilèron vers lou cèu.
Alor, quinge jouvènt, patrician e pioucèu,
Emé de grands iue blu coume un brisoun de luno,
E de jouiéu dins si cabeladuro bruno,
De cremesin vesti, de lausié courouna,
Anèron en davans de Petrarco, clina,
En cantant l'inne sant di glòri patrialo !

Aquéli bèus enfant desplegavon sis alo
Coume de roussignòu qu'abandounon lou nis.
— Estre jouine, moun Diéu, e, quand tout vous sourris,
Vèire l'endeveni trepeja la matèri,
Vèire naisse li flour au founs di cementèri
E lou verme pudènt deveni parpaioun ;
Dis oumbro de la niue adurre lou raioun,
S'acò duravo ansin, vido, que sariés bello !
Mai tout s'esvanousi : doulour e farfantello
S'en van dins l'Infini e moron dins lou Tèms.

Èro pamens bèn dous aquéu jour de printèms,
Èro dous mai que mai. Qu'èro bello la fèsto
De l'antico ciéuta, de Roumo, aquelo tèsto,
De Roumo, aquéu cervèu di pensaire latin
Sus quau s'espandiguè l'aubo di grand matin.
— Ah ! li vièi mounumen, li coulouno esboulido,
Li chapitèu cubert de l'acanto flourido,
Li frountoun de Carraro emé si diéu pagan.
Quenti grand souveni ! L'istòri dis uman
Èro gravado aqui dins aquéli bèu mabre
Quiha dins un terrau de pòusso de cadabre,
Carreja de l'areno (aquéu prat-bataié),

E lou pople èro gai, e la terro qu'avié
Devouri tout acò, sublimo e resplendènto,
Se moustravo au soulèu, pleno de fogo, ardènto,
Emé tóuti si fiéu, pèr lou courounamen
D'un pouèto touscan, amourous talamen
Qu'uno femo souleto avié fa lou miracle
De ié faire franqui li glavas, lis oustacle
Que la car, sèns coumta, semeno à plèni man
Pèr sali li poutoun vierginau dis amant.

Troumpeto, sounas mai ! Petrarco au Capitòli
S'adrahino en cridant : « Es plus douço que l'òli
La dono qu'ispirè mi *Canzoni* d'amour.
Pople ! te vau legi dins moun libre, en plen jour,
Quàuqui vers qu'anaran, sus lis alo de l'auro,
Pourta moun souveni vers l'amado :

« A ma Lauro ».

Moun Diéu, lou clar adous que rajo dins moun cor
En m'adusènt l'amour me fai canta la vido,
E vese sèns fali la gràci d'un bèu cors
Qu'un poutoun fai passi coume uno flour culido.

Carnen enrouseli, cabeladuro d'or,
Sen d'alabastre pur emé dos coupo emplido
D'uno escrèto licour, meravihous decor
Di felice escoundu dins li mato flourido.

Noun, me sedurrès pas mau-grat lou plesi van,
Noun, cabussarès pas mi pensado que van
Puro, vers l'ideau mounte l'amo s'enauro !

Dins un cors d'amourouso, à poun amadura,
Vese pas lou bonur que l'espaime adurra :
Vese rèn que lis iue de Lauro.

Lou grand pople de Roumo, en plourant, l'aclamè.
Voulié saupre lou noum de la femo qu'amè,
De la femo qu'amavo, e Petrarco, vincèire,
Venié de lou clama pèr la glòri di rèire...

Pièi, quand cridè tres cop : « E vivo li Rouman ! »
Courriguè coume un tron de picamen de man...

Alor, lou comte Orso courounè lou Pouèto.

Petrarco diguè mai :
« Ah ! coume l'on regrèto
Lis annado d'amour de la jouvènço. Ai ! las,
Iéu, roumiéu qu'ai mounta sus la cimo, siéu las ;
Moun noum me peso mai qu'uno fauto, prefère,
I lausié triounflant, qu'ourgueious, recerquére,
A l'inmourtalita qu'es un raive, — e rèn mai, —
La santo flouresoun di pradarié de mai,
La danso di raioun dins lis aubo flourido,
La divino bèuta di roso acoulourido,
Lou vounvoun ufanous dis abiho que fan
Dins lis asclo d'un ro sa prouvèndo e que n'an
Qu'un amour : lou soulèu, qu'un besoun : li floureto.
Aro qu'ai tout agu, tout, foro ma Laureto,
Coume un deseirita de la vido ai plus rèn... 
Mai que dise, o moun Diéu, me resto quaucarèn,
Que res pau me rauba, que dins moun cor se tanco,
Siéu libre de landa vers ma paloumbo blanco,
Vers moun ile d'amour, vers la femo que m'a
Fa counèisse li joio e li trànsi d'ama.
— Pople rouman, salut ! »

Ansin clauguè Petrarco.

A quauque tèms d'aqui remountè dins sa barco,
Fugiguè Roumo e Parmo, e li terro d'alin,
E s'en revenguè dre vers lou cèu papalin.

LE SALUT DES AIMÉES

PAR Mme MARYLIE MARKOVITCH.

Dans l'arôme violent des sauges et des menthes
Que le soleil distille aux marges du sentier,
Au bord de sa fontaine aux vagues écumantes,
Non loin du symbolique et fraternel laurier,

L'ombre du grand Pétrarque, un instant ranimée,
Erre, et tandis qu'on met la couronne à son front,
Lui, distrait, cherche encor la trace de l'Aimée
Et sa lèvre redit, tout bas, le même nom !

« Laure !... Cette clarté jaillie entre les branches
Est peut-être l'envoi de sa robe aux plis longs ;
Ces fleurs, le croisement chaste de ses mains blanches ;
Et sur l'eau.... le reflet de ses beaux cheveux blonds.

« Ce murmure qui sourd de l'étroite vallée,
Ce n'est pas le ruisseau qui jase dans son lit,
C'est sa voix ! sa voix douce à l'âme inconsolée...
Mais quoi... l'illusion divine s'abolit !

« Laure s'est envolée, et son âme lointaine
Ne me reviendra pas sur les ailes du vent.
Pourquoi me rappeler ici, si la fontaine
Ne berce plus ses traits dans son miroir mouvant ?

« A quoi bon le triomphe, et la gloire, et la palme,
S'il manque à la couronne un fleuron : le plus beau !
Que ne me laissiez-vous dormir mon sommeil calme,
Dans la paix souveraine et grave du tombeau !

« Laissez mourir les fleurs d'une lente agonie,
Puisque vous ne pouvez raviver leur parfum.
Vivant, d'un peu d'oubli fais l'aumône au génie
Si tu ne lui rends pas tout son bonheur défunt. »

Poëte, ne crains pas : ta Laure est immortelle,
Embaumée à jamais avec ton souvenir ;
Sa gloire, de ta gloire pure sœur jumelle,
Peut, sans crainte, affronter le sévère avenir.

Vois ! dans l'inconnaissable ciel où les Aimées
Prolongent le doux rêve ébauché dans vos bras,
Sa beauté, sa tendresse et la tienne, acclamées,
Complètent ton triomphe et ta gloire ici-bas.

La mythique prairie où fleurit l'asphodèle,
Où les lis frais érigent leur orgueil,
Frémit comme un roseau qu'effleurerait une aile ;
Les roses vont pleuvoir : fleurs de grâce et d'accueil.

Les Amantes s'en vont, par groupements superbes,
Et l'on voit s'argenter sous le jour opalin
L'harmonieux sillon que creuse dans les herbes
Le glissement léger de leur robe de lin.

Toutes les Béatrix amoureuses d'un Dante,
— Fleur de chair, en sa neuve ou pleine floraison,
Coupe embaumée où l'homme a mis sa lèvre ardente
Pour y boire à longs traits la vie ou le poison, —

Toutes s'en vont, porter vers l'immortelle Amante
La palme et le tribut dus aux grandes amours ;
Elle, sereine et grave, et chaste sous sa mante,
Les reçoit, reine encor comme en ses primes jours.

Hélène aux yeux de qui luit l'éclair bleu des glaives,
L'inconstante Lesbie et Cinthie aux bras blancs
Modulent leur passé glorieux et leurs rêves,
Au rythme cadencé de leurs pas nonchalants.

« Nous sommes la Beauté qu'adora le génie,
Et qui passa parmi les fleurs et les chansons,
Les flots voluptueux de la mer d'Ionie,
Les échos de Tibur savent encor nos noms.

« O Laure, gloire à toi ! Sur la cime sacrée
Les myrtes ont ouvert leur calice embaumé.
Mais nous venons t'offrir, nous, la rose pourprée,
Emblème somptueux de qui ne sut qu'aimer.

« Car nous avons noué nos bras pour des caresses ;
Car nous fûmes le philtre endormeur et subtil ;
Car nous avons pris l'homme au filet de nos tresses
Et retenu son âme aux franges de nos cils.

« Dans l'odorant parfum des roses, les murmures
Caressants et berceurs des flûtes de jadis,
Nous avons lié l'homme au nœud de nos ceintures
Et placé, dans nos bras fermés, son paradis.

« Mais, mêlant plus de joie et de plaisir encore
A la coupe dorée où tenait son destin,
Nous n'avons pas pour lui pressenti d'autre aurore
Que celle qui luisait au sortir du festin.

« Laure divine, à toi la fleur emblématique,
A toi qui, sans ouvrir le paradis rêvé,
Sus mieux que nous encor lier l'amant mystique
D'indénouables nœuds : Laure divine, Ave ! »

Puis, ses plus proches sœurs de France ou d'Italie :
Béatrix, fleur de songe éclose en un vitrail,
Dont un lis pur fleurit la main frêle et jolie,
Héloïse, amoureuse encore sous le camail.

Les harpes ont rythmé leur marche hiératique ;
De larges ailes d'or ombragent leur chemin,
Et l'on voit sur le ciel comme un porche gothique
S'ébaucher, chaque fois qu'elles lèvent la main.

« Comme toi nous avons sur le seuil d'une église
Senti notre cœur naître à l'amour immortel,
Et pour que l'avenir en nous l'idéalise,
Nous l'avons abrité, Laure, auprès de l'autel.

« Nos visages ont pris la matité des cierges,
Nos robes aux plis droits nous vêtent de candeur ;
Et nous vivons parmi les anges et les vierges,
Le cinname et l'encens à l'agréable odeur.

« Et nous te saluons, sœur de notre espérance,
Moi, Béatrix, avec la fleur de pureté,
Et moi qui ne connus d'aimer que la souffrance
Avec la palme d'or de l'immortalité. »

Enfin, la sœur de rêve et de douleur, Elvire,
Dont le Lac refléta le langoureux profil,
Passe... et « le vent gémit » et « le roseau soupire »
Et tout murmure : « Aimons ! » — « Oh ! Lac, t'en souvient-il ? »

Oui, le Lac s'en souvient, oui la source en sa cluse
A retenu le nom sur des lèvres surpris ;
Tibur et le Bourget, et Florence et Vaucluse,
Du merveilleux secret connaissent tout le prix.

Reçois la palme offerte aux Amantes sublimes,
Fleur de Provence, chère à Pétrarque, ô Laura :
Tant que des fleurs d'amour s'ouvriront sur les cimes,
Tant qu'en un autre cœur l'homme s'épanchera,

Tu resteras la coupe ineffable et bénie
Où les siècles émus s'en viendront tour à tour,
Pour maintenir en eux la source du génie,
Boire le vin d'oubli, d'idéal et d'amour !

CANZONE

PAR M. FERNAND DE ROCHER.

> Cosi potess' io ben chiuder in versi
> I miei pensier' come nel cor li chiudo...
> (PÉTRARQUE, sonnet LXIV.)

Je voudrais, pour vous qui passez,
Égrener des vers cadencés
Au rythme des sources prochaines ;
Des vers légers et puérils,
Emplis du charme des avrils,
Où riraient des baisers subtils
Comme des oiseaux dans les chênes ;

Des rimes aux parfums légers
Comme les fleurs des orangers,
Des vers de joie et de caresse,
Que les frissons des matins bleus
Feraient tièdes et lumineux,
Des vers qui porteraient en eux
Toute la vie enchanteresse.

Car je voudrais chanter ici,
Sous ce large ciel éclairci
Où la colline se dentèle,
Le doux poète florentin,
Frère de notre cœur latin,
Dont la gloire, dans le lointain,
Garde une splendeur immortelle.

Et je voudrais chanter encor
La fière amante aux cheveux d'or,
L'amante implacable et hautaine,
Qui fit jaillir tant de sanglots,
Que, toujours, parmi les roseaux,
S'attarde la plainte des eaux
De l'harmonieuse fontaine.

C'est là qu'un homme aimé des dieux
Ouvrit son cœur mélodieux
Et chanta sa désespérance.
Il était de ce paradis,
Où, vers l'azur des ciels tiédis,
Se dressent les clochers hardis
De la radieuse Florence ;

Du pays où les amoureux
Vivent leurs songes langoureux,
Où bruit le vol des abeilles ;
D'Arezzo la blonde, ou l'été
Verse sa divine clarté
Sur la douce mâturité
Des fruits, des moissons et des treilles.

Le soleil emplissait ses yeux ;
Il contemplait ces mêmes cieux
Qui connurent Virgile et Dante ;
Fils d'un père qu'on exilait,
Un matin, l'enfant s'en allait
Vers notre ciel qui ressemblait
Au ciel de sa patrie ardente.

Sa jeunesse, dans Avignon,
Chantait comme un gai carillon
Des clochers de l'île sonnante,
Lorsque, parmi ces jours chantants,
L'amour vint fleurir ses vingt ans...
— Parfums de ce lointain printemps,
Frissons de l'heure rayonnante,

Brises du Rhône ravageur,
Ventoux aux cimes de blancheur,
Terre comtadine et papale,
Toi, fontaine qui dors là-bas,
Vous avez connu, n'est-ce pas ?
L'inspiratrice aux grands yeux las
Et le doux poète au front pâle ;

Et pour toujours vous frissonnez
En remembrance des sonnets,
Écrits près de la source claire,
Dans la fraîcheur de ces vallons,
Pour la Laurette aux yeux profonds,
Au teint de lis, aux cheveux blonds,
Qui vint prier à Sainte-Claire.

Témoins éloquents et discrets
De tant d'aveux et de secrets,
D'une extase quasi divine,
Il semble que persiste en vous
Un murmure languide et doux,
Dans le frôlement des cailloux
Entrechoqués dans la ravine,

Dans les lauriers-roses fleuris,
Dans les oliviers au front gris,
Parmi le mistral ou la brise,
Dans l'eau joyeuse du torrent
Frangé d'écume et transparent,
Dans le site odoriférant
De férigoule et de cytise.

On dirait que le ciel est plein
D'un souffle fragile et câlin,
Qui conte aux cœurs battants de fièvres
La légende des deux amants
Qui connurent l'âpre tourment
De s'adorer passivement
Sans avoir échangé leurs lèvres.

Et c'est pourquoi, vous, qui venez
A ces rivages fortunés,
Vers ce paysage idyllique,
Respirez ce souffle divin
Qui fertilise le ravin :
Il fera fleurir le jardin
De votre âme mélancolique.

Ce soir, puisque le calme été
Fait planer sa sérénité
Sur le front apaisé des choses
Dans le crépuscule éclatant,
Prenez par le sentier montant
Qui longe le ruisseau chantant
Tout baigné de lumières roses ;

Arrêtez-vous au gouffre noir
Qui sommeillera dans le soir
Parfumé de thym et de menthe :
Si vous avez un cœur de chair
Tenaillé par un amour cher,
Si vous avez un jour souffert,
Vous comprendrez ce qu'elle chante

La source claire au flot dormant,
Qui murmure confusément
Une cantilène infinie,
Une cantilène d'amour,
Dont les oliviers d'alentour
Semblent frémissants nuit et jour
Dans l'universelle harmonie ;

Vous comprendrez ce qu'elle dit,
La source de notre Midi,
La fontaine pure et sauvage,
Où, depuis cinq cents ans passés,
Les amants et les fiancés
Ont fait des serments insensés
Sur ses bords de pèlerinage.

Et, là-haut, vous demanderez
Où sont les héros chamarrés
Et leurs clairons sonnant victoire,
Et les Césars aventuriers
Qui, dressés sur leurs étriers,
Ont fait la moisson des lauriers
Dans les batailles de l'Histoire ;

Vous demanderez aux flots bleus
Où sont les soldats fabuleux,
Les fameux conquérants du monde,
Les sabreurs et les pourfendeurs
Et leur cortège de splendeurs :
Il montera des profondeurs
De la source limpide et blonde

La même chanson d'autrefois,
Qui prenait son vol dans les bois
Couronnant les Alpilles frêles,
La chanson qui met dans les cœurs
Des voluptés et des candeurs
Et les indicibles douceurs
Des souvenances éternelles.

Pour se survivre dans les temps,
Il faut aimer, aimer longtemps,
Avec son âme toute grande,
D'un amour toujours rajeuni :
Ainsi ces roches de granit
Transmettront au temps infini
Une impérissable légende.

Aimer, ça vient sans y songer,
Parce que le ciel est léger,
Que les jardins sont pleins d'abeilles
Qui vont, qui viennent, qui s'en vont,
Par les sentiers, de large en long ;
Et, comme les abeilles font,
On butine les fleurs vermeilles.

Aimer, c'est la vieille chanson
Que chacun chante à sa façon ;
Si les rimes en sont fanées,
L'air en est jeune qu'on entend
Avec un plaisir persistant,
Ainsi qu'un carillon chantant
Au clocher des primes années.

Aimer, c'est évoquer les noms
Des Juliettes, des Ninons,
Des Mireilles, des Marguerites,
Et des princesses de roman
Que connut le Prince charmant :
C'est dire des vers, galamment,
En poètes, selon les rites.

Or, je ne serais point surpris
Si, parmi les massifs fleuris,
Sous ces arbres gonflés de sèves,
Dans le crépuscule argenté
Du parc où nous avons chanté,
Passait le cortège enchanté
Des héroïnes de nos rêves.

Laure est ici, n'en doutez point.
Nous sommes venus sans pourpoint,
Sans justaucorps et sans aigrette ;
Mais nous faisons comme autrefois
Faisaient les chevaliers courtois
Aux cours d'amour, dont les exploits
Sont des souvenirs de conquête.

Nous chantons à deux amoureux
Nos vers fervents et savoureux,
Pour que maître Apollon nous garde ;
C'est un vieil air toujours nouveau
Qu'on chante, ballade ou rondeau,
Avec des roses au chapeau,
Avec des roses pour cocarde !

A PETRARCO

Sonnet, par M. le baron Guillibert,

Secrétaire perpétuel et déléguë de l'Académie d'Aix.

Au flambèu de l'Antiqueta,
Pèr que l'amo umano enaussado
Posque treva tóuti pensado,
Toun engèni pren si clarta.

Mai que soun lis « umanita »,
La sciènci, tis embassado !
Toun cor es à Lauro de Sado,
Sublimo ardour de casteta !

E, qu'afouga de la patrìo,
La vougues grando l'Italìo,
Canten soun eterno esplendour :

Noun es ço que retèn l'istòri ;
As enaura lou pur amour :
Vaqui toun inmourtalo glòri !

A PÉTRARQUE

Sonnet, par M. le baron Guillibert,

Secrétaire perpétuel et délégué de l'Académie d'Aix.

Au flambeau de l'Antiquité,
Pour que notre âme, à l'envolade,
Pense tout, chante toute aubade,
Ton génie a pris sa clarté.

Mais qu'est-ce donc qu'« Humanité »,
Science et succès d'ambassade ?
Ton cœur est à Laure de Sade,
Feu sublime de chasteté !

Puis, enflammé pour ta patrie,
Tu la veux grande l'Italie,
Éclatante comme le jour.

Et de toi que retient l'histoire ?
Tu chantas l'idéal amour :
Voilà ton immortelle gloire !

SUR UN PORTRAIT DE PÉTRARQUE

par M. Pierre de Nolhac (1).

Maître, sur le papier jauni de parchemin,
J'ai reconnu les traits de ton calme visage,
Tels qu'un jour, à Padoue, un peintre, en ton vieux âge,
Se plut à les tracer d'une rustique main.

De ta docte maison aima-t-il le chemin ?
Connut-il le secret du poète et du sage ?
Ou bien, artiste obscur, fixa-t-il au passage
La grave majesté de ton profil romain ?

Je ne sais. Mais l'ennui dont ta grande âme est pleine
Ride ton front sevré sous la cape de laine.
Le regret d'une femme a fait tristes tes yeux ;

Et tu sembles songer à la pure lumière
De son regard, étoile éteinte dans tes cieux,
Car la méchante Mort l'a prise la première.

(1) Dit par M. Alexis Mouzin.

NOTE SUR LES ARMOIRIES DE VAUCLUSE

par M. L. DE BRESC,

délégué de l'Académie d'Aix et de la Société des Études provençales.

Messieurs,

Il y a trente ans, et presque à la même date, j'avais l'honneur et le plaisir de me trouver à la même place, au milieu d'une société choisie, assemblée dans un but identique.

Comme aujourd'hui, nous étions réunis pour célébrer, dans ce charmant séjour, la mémoire du grand poète florentin et de sa chaste et inspiratrice amante, la douce et belle provençale Laure.

Le temps marche vite !... et quand je porte mon regard en arrière, je suis péniblement frappé de voir combien est grand le nombre des amis disparus et qui étaient alors réunis dans cette fraîche et ombreuse cité de Vaucluse qui a inspiré tant de poètes.

Permettez-moi, Messieurs, de vous rappeler celui qui, de ce nombre, avait tant fait, en 1874, pour célébrer dignement la mémoire de Laure et de Pétrarque. M. de Berluc-Pérussis avait été le grand promoteur de ce mouvement d'abord littéraire, puis politique. Chacun sait que ce mouvement devait aboutir à une union cordiale et plus étroite des races latines, comme nous le disait avec tant de satifaction M. le chevalier Nigra, ministre plénipotentiaire de S. M. le roi d'Italie, et comme l'écrivait à M. de Berluc-Pérussis lui-même, son illustre parent Ubaldino Peruzzi, alors maire-syndic de la ville de Florence (1).

____

(1) On sait combien il fut activement secondé par notre ami et confrère, le baron Guillibert, secrétaire perpétuel de l'Académie d'Aix.

Je voudrais continuer cette liste rétrospective de personnes absentes, mais elle serait trop longue et je pourrais oublier que je n'ai à prendre ici la parole que pour vous dire quelques mots sur les armoiries de la petite ville de Vaucluse.

Mais j'ai encore à vous faire une confession ; elle sera courte.

Comme tant d'autres, j'ai sur la conscience d'avoir fait quelque peu gémir les presses dans mon jeune âge. En 1866, j'ai publié un volume sur les armoiries des communes de Provence et du Comtat. C'est là, je le répète, mon péché de jeunesse. (Volontiers, je voudrais ne pas en avoir commis d'autres.)

Dans ce travail, qu'on m'a fait l'honneur de trouver utile et quelque peu intéressant, n'ayant pas trouvé les armoiries de Vaucluse dans le grand armorial de d'Hozier, œuvre manuscrite très importante déposée à la Bibliothèque Nationale, j'ai donné la description et le dessin du blason de notre intéressante communauté d'après le géographe provençal et comtadin Achard : *d'azur à une truite et un ombre d'argent* (1).

Quelques auteurs pensent que l'illustre Pétrarque devait avoir pour la truite, ce poisson délicieux à Vaucluse plus que partout ailleurs, un attrait tout particulier et qu'il avait dû lui-même placer dans l'écu vauclusien cette pièce, tirée, comme tant d'autres, du règne animal. Ce qui semblerait donner une certaine autorité à cette supposition, c'est que dans les dessins qui nous sont restés de l'illustre poète, dessins naguère publiés avec beaucoup de soin par M. Pierre de Nolhac, l'éminent auteur de *Pétrarque et l'Humanisme,* on rencontre souvent la figure de l'ombre et l'image de la truite.

Pour nous, Messieurs, malgré tout le désir que nous en aurions, après avoir cherché vainement dans les archives municipales de Vaucluse quelques renseignements certains, nous ne pourrons pour le moment et avec les

(1) T. II, p. 568, art. Vaucluse.

seuls documents qui sont à notre connaissance, donner une origine aussi ancienne et aussi illustre à l'écusson de Vaucluse. Nous pensons tout simplement que si la vieille communauté ou municipalité, tant aimée par Pétrarque, a placé dans son écusson la truite et l'ombre, c'est que ces poissons se trouvaient en abondance dans les sources fraîches et limpides de notre célèbre fontaine, l'une des plus belles du monde. On peut supposer, en effet, et sans témérité, qu'on était heureux, [autrefois comme aujourd'hui, de venir à Vaucluse non seulement pour rendre hommage à la grande mémoire de Laure et de Pétrarque, mais encore (l'un n'excluait pas l'autre) pour satisfaire son goût pour les bonnes choses que nous devons à la Providence.

Puisque nous sommes ici surtout pour glorifier Pétrarque, et non pour faire de l'art héraldique, permettez-moi, en terminant, de vous lire un sonnet de M. Elzéar Pin, mon oncle et celui de Léon de Berluc-Pérussis, décédé sénateur de Vaucluse, et que je cueille dans son ouvrage : *Poèmes et Sonnets,* publié à Paris en 1839.

PÉTRARQUE

O Pétrarque, ô mon maître à la verte couronne
Qui, mieux qu'un diadème, orne ton noble front,
Les vents au souffle impur jamais ne flétriront
Cet immortel laurier que la gloire te donne !

Le rameau qui l'entoure à ta tempe rayonne
Plus frais, plus radieux que la tige à son tronc ;
Des hommes et du temps il ne craint pas l'affront,
Ce poème d'amour qui dans nos cœurs résonne.

La vierge, en entr'ouvrant ta tunique de lin,
Doit poser, dans son rêve, un baiser sur ton sein ;
Le poète à genoux comme aux pieds d'un monarque,

S'enivrant de parfums si doux à respirer,
Devant ta chaste image alors doit s'inspirer,
O ma divine idole ! ô mon maître ! ô Pétrarque !

A la même séance des Jeux Floraux, Mlle Martoun, de Sorgo, en son gracieux costume de provençale, a dit le poème d'Anselme Mathieu, *Lou Ban,* qui avait été couronné, il y a juste trente ans, par le Comité organisateur des fêtes du cinquième Centenaire de la mort de Pétrarque, en 1874.

Une autre provençale, Mlle Adèlo, de Sorgo, a chanté ensuite, d'une voix très pure et harmonieuse, le célèbre poème d'Aubanel, *Vau-Cluso.*

Enfin, M. le Dr Victorin Laval, ancien président de l'Académie de Vaucluse, a, dans un discours applaudi, donné le résumé d'un mémoire fort important qu'il a écrit, à l'occasion du Centenaire, sur *Pétrarque patriote.* Nous avons le regret de n'en pouvoir publier le texte.

La musique du 58e régiment d'infanterie, qui avait fait entendre pendant la séance des Jeux Floraux, un entr'acte de *Cavalleria rusticana,* par Mascagni, et un air du ballet de *Séduction,* par Casanova, a clos la cérémonie par les chants nationaux français et italien.

*
* *

Au retour, à l'arrivée du train en gare d'Avignon, l'Académie de Vaucluse et ses invités officiels furent reçus par le Comité des fêtes de charité. La musique du 7e régiment du génie prêtait son gracieux concours à cette réception. Les réjouissances populaires allaient commencer : elles furent annoncées par les sonneries du beffroi de l'Hôtel-de-ville, par des tirs de boîtes et par des salves d'artillerie.

A 9 heures, une retraite aux flambeaux, à laquelle prirent part, à la suite de la musique du 7e génie, les diverses fanfares et sociétés musicales d'Avignon, déroula son long cortège dans les rues de la ville, pendant que les édifices publics commençaient les illuminations.

Un brillant feu d'artifice, tiré sur les bords du Rhône, termina cette magnifique journée.

EN AVIGNON

17 JUILLET 1904

Dès 9 heures du matin, une foule élégante se pressait dans la grande salle des fêtes de l'Hôtel-de-ville, que la municipalité d'Avignon avait mise très aimablement à la disposition de l'Académie de Vaucluse.

M. Guigou, maire d'Avignon, entouré de son Conseil, faisait les honneurs du palais municipal au Bureau de l'Académie, aux représentants des gouvernements français et italien et aux délégués des diverses sociétés savantes. En une courte allocution pleine de tact et de courtoisie, M. le Maire souhaitait la bienvenue à ses hôtes.

A l'arrivée des représentants des gouvernements, un orchestre, dirigé par M. A. Vieillot, professeur au Conservatoire d'Avignon, et comprenant la classe d'ensemble du Conservatoire, l'orchestre du Grand Théâtre et les principaux artistes musiciens de la ville, exécuta la *Marseillaise* et l'*Hymne royal italien*.

Aussitôt après la réception des délégués par la municipalité, le même orchestre préluda à la cantate l'*Hymne à Pétrarque,* dont la musique, par MM. A. Vieillot et J. Hartmann, fut interprétée par les choristes du Grand Théâtre et les élèves de la classe de chant du Conservatoire. Nous en reproduisons les paroles ci-après.

La société des Cigalettes de Provence (œuvre de Mimi-Pinson), nouvellement constituée à Avignon, sous la présidence dévouée de M. Brun de Cabrières, avait tenu à honneur de faire ses débuts sous les auspices du grand poète toscan. Elle chanta à ravir, sous la direction de Mlle Guitera et de Mme Imbert-Moreau, le chœur des *Magnanarelles,* de l'opéra de Gounod *Mireille*. L'*Hymne à Pétrarque* et le chœur des *Magnanarelles* furent des plus appréciés, et des applaudissements nourris exprimèrent toute la satisfaction qu'on avait éprouvée à les entendre.

HYMNE A PÉTRARQUE.

Paroles de la Cantate exécutée avant la séance publique du 17 juillet.

Poétique Provence, en un cri d'allégresse
Réveille tes échos, du Ventoux à la mer.
Que ton riant soleil épande avec largesse
Ses rayons les plus beaux dans ton ciel le plus clair.
Pays du gai savoir et des douces pensées,
Où le dieu de la lyre a toujours son autel,
Tu places au-dessus de tes muses passées
Celle dont le regard fit Pétrarque immortel.

> Tu vis le chaste amant de Laure,
> Près de la source aux bords ombreux
> Où son génie allait éclore,
> Où la gloire planait sur eux.
> Laure, ce nom de poésie,
> Jusqu'aux astres fut exalté ;
> Et la plus belle fut choisie
> Dans le pays de la Beauté.

*
* *

Sur un char triompal que la foule environne,
Aux bruits de longs vivats, Pétrarque reparaît ;
Pétrarque vient encor recevoir la couronne.
Ses chants gardent toujours leur ineffable attrait.
O poète, ô penseur, dont le front s'auréole,
L'aile sombre du temps ne t'a pas effleuré ;
Devant toi chaque siècle ouvre son Capitole,
O toi qui fus surtout le grand enamouré !

Jeune comme à l'aube première
Qui, vers Vaucluse, t'a conduit,
Montre le chemin de lumière
Aux âmes qu'égarait la nuit.
Rends fécondes nos rêveries,
En souvenance de ce jour
Où s'unissent tes deux patries
Pour te fêter, chantre d'amour !

Séance publique.

A 9 heures et demie précises, le cortège officiel faisait son entrée dans la salle des fêtes de l'Hôtel-de-ville.

Sur l'estrade, prirent place, à côté de M. le baron de Vissac, président de l'Académie : MM. le comte Pinchia, représentant du gouvernement italien ; Raymond Bonafous, représentant de M. le Ministre de l'Instruction publique de France ; M. Masclet, préfet de Vaucluse ; Guérin et Béraud, sénateurs du département ; Coulondre, député de l'arrondissement ; Guigou, maire de la ville d'Avignon ; Amalbert, maire de Vaucluse ; le colonel commandant d'armes, représentant M. le général Peloux ; Raqueni et Bouet, délégués de la Ligue franco-italienne ; MM. Mortz et Arlaud, adjoints au maire d'Avignon, ainsi que plusieurs conseillers municipaux ; Bourges, Carre, Laval, Mouzin, Pamard, anciens présidents de l'Académie de Vaucluse ; Émile Perrier, président et délégué de la Société de statistique de Marseille ; Lieutaud, délégué de la Société des Amis du Vieil-Arles ; L. de Bresc, délégué de l'Académie d'Aix ; A. Glaize, délégué de l'Académie des sciences de Montpellier, etc. ; enfin les membres du Bureau de l'Académie de Vaucluse.

M. le baron de Vissac ouvrit la séance en ces termes :

DISCOURS DU PRÉSIDENT DE L'ACADÉMIE.

En prenant l'initiative d'une fête jubilaire en l'honneur de Pétrarque, l'Académie de Vaucluse a eu à cœur de perpétuer la tradition inaugurée il y a cent ans par l'Athénée dont elle est la continuation. Il lui a semblé, qu'à la date d'un anniversaire séculaire, elle se devait à elle-même de commémorer solennellement le souvenir d'un des plus grands génies qui aient projeté sur la cité avignonaise et sur la Provence tout entière les rayons d'une gloire immortelle.

L'aspect de cette réunion, où se groupent les élites de l'intelligence, accourues de toutes parts, prouve que sa pensée était généreuse et répondait à un sentiment universellement éprouvé.

Aussi, la première parole prononcée dans cette enceinte au nom de l'Académie de Vaucluse, doit-elle être une parole de gratitude envers tous ceux qui ont répondu à son appel, témoignant ainsi que leurs cœurs battaient du même battement que le nôtre aux idées sacrées dont l'œuvre de Pétrarque est la glorification, aux idées d'immortalité, d'humanité, de patrie, de poésie et d'amour.

La présence à notre tête, à côté de M. le Préfet de Vaucluse, notre président d'honneur, dont la constante bienveillance nous fut toujours précieuse, du distingué professeur, que la haute sollicitude de M. le Ministre de l'Instruction publique et des Beaux-arts a bien voulu déléguer pour le représenter ici ; le concours moral que nous prêtent deux des sections de l'Institut et l'Académie française ; la présence des envoyés de toutes les sociétés scientifiques et littéraires de la région du Sud-Est, donnent à cette cérémonie un cachet de véritable grandeur.

Mais la venue parmi nous de M. le Sous-secrétaire d'État au Ministère royal de l'Instruction publique d'Italie, un des hommes d'État les plus populaires de son pays, économiste distingué, littérateur et orateur éminent, que, par une faveur insigne dont nous sentons tout le prix, le gouvernement de la nation-sœur a délégué à nos fêtes, lui imprime un caractère plus grandiose et plus expressif encore.

Cette venue, dans les circonstances présentes, accentue les témoignages de sympathie et de confraternité internationales que nous échangions tout à l'heure par dépêches, avec l'Académie *della Crusca* de Florence et avec les Comités d'Arezzo et de Padoue, qui m'ont confié la flatteuse mission de les représenter ici ; elle souligne, éloquemment, la portée de la Ligue franco-italienne, dont le secrétaire général et le secrétaire-adjoint ont bien voulu figurer dans nos rangs ; elle évoque les émotions patriotiques de visites solennelles récemment échangées. .

En voyant le représentant du gouvernement de la République française et le représentant du gouvernement royal d'Italie réunis ici, à l'ombre de la gloire de Pétrarque, il semble à nos cœurs de Français voir la frontière neigeuse qui est là-bas s'abaisser devant l'union des peuples, et le rameau d'olivier, symbole de concorde et d'amour, s'y implanter et grandir, vigoureux et plein d'espérance, à côté de la rose des Alpes.

Merveilleux apanage du génie qui opère ces merveilles, qui dote un homme de deux patries, qui confond ces deux patries dans un même sentiment de souvenir et d'admiration, et qui resserre ainsi les liens de plus en plus étroits existant entre deux peuples issus d'une même origine, nourris des mêmes traditions artistiques et littéraires, réchauffés au même foyer latin !

Je n'ai droit ni à une biographie, ni à une conférence ; mon rôle, très délimité, me permet à peine de souligner d'un trait rapide la part qui nous revient dans la liquidation de la gloire du poète entre les deux nations amies, les gerbes qui nous appartiennent en propre dans la riche moisson dont il a répandu la semence des rives du Rhône aux rives du Pô et de l'Adige.

Il vit le jour à Arezzo, dans la vieille cité étrusque, sur les tablettes historiques de laquelle se trouvent inscrits les noms glorieux de Porsenna, le vainqueur de Rome ; de Mécène, le protecteur des lettres ; de saint Laurent ; de Guido, l'inventeur des notes de musique ; de l'Arétin, le satirique ; de Vasari, le peintre et l'historien ; du pape Jules III, du maréchal d'Ancre, de Michel-Ange même... ; mais, durant 22 ans, il planta sa tente chez nous ; chez nous il but la sève poétique ; chez nous il conquit ses grades à l'immortalité.

Son chant s'éteignit à Arquà, à l'hiver de son âge ; mais, durant la belle saison, le rossignol avait égayé nos bosquets de ses trilles et de ses canzoni.

Si la Toscane possède son berceau, si la Vénétie conserve ses cendres, la Provence, elle, conserve son cœur, son cœur de poète et d'amant.

Il était jeune encore lorsque l'aveuglement des factions politiques ferma derrière lui les portes du pays natal. Sans appui, sans ressources, errant avec les siens sur le chemin de l'exil, comme Dante l'avait fait naguère, il vint demander un asile à l'hospitalière Avignon, qui l'accueillit d'un sourire et l'abrita sous son aile. Telle une oasis dans le désert, une lueur dans la nuit sombre.

Avignon était alors une ville unique au monde, ville encombrée, ville folle, faite de contrastes et d'antithèses, galvanisée au souffle de la papauté gallicane. Au fronton de la citadelle pontificale, armoriée des clefs de saint Pierre, brillait l'étoile mystique conviant vers la Bethléem du Rhône tous les mages de l'univers. Là, dans un sombre et vaste cabinet à ogives, se trouvait le laboratoire où, avec quatre lignes d'écriture et un sceau de plomb, se nouait et se dénouait le sort des empires.

Autour du Vatican avignonais se groupait une société

cosmopolite, compliquée, tout à la fois sérieuse et futile, ascète et lascive, remuante, vivante et distinguée. C'était le tourbillon où toujours flambait la fête, où, jour et nuit passaient dans l'air des gaietés et des tendresses. C'était le temple de la poésie, dans lequel enfants du Gai-Savoir, bardes et troubadours, chantaient à l'envi, en langue d'oc ou en français, l'héroïsme, la bravoure, la nature, l'amour, tendant la main par dessus les âges aux Mistral de l'avenir, à la radieuse phalange des Félibres et des Cigaliers. C'était enfin le rendez-vous de toutes les célébrités de la politique, de la littérature et des arts. Les envoyés de tous les monarques y tenaient école de diplomatie; les conseillères de la Cour d'amour y tenaient école de psychologie sentimentale.

Quel terrain plus propice à l'éclosion d'un talent, à la germination d'une renommée !

Tout ce qu'elle possédait, Avignon le prodigua au jeune proscrit. Elle le consola de son ciel bleu, elle le réchauffa de son soleil, elle le vivifia de son mistral, elle le charma de ses verts horizons. Elle lui donna son fleuve qui berce, ses nuits étoilées qui font rêver, ses îles embaumées, l'enivrement de ses fêtes, la pompe de ses cérémonies, ses ardeurs enthousiastes, l'élégance de ses salons, la caresse de ses louanges, la séduction de ses filles.

Les plus chaudes amitiés, les plus efficaces influences encouragèrent les premières envolées d'une rare intelligence, ouverte aux conceptions les plus diverses.

Dans ce palais des Colonna où nous sommes en ce moment, et dont une municipalité accueillante et sympathique à tous nous permet de réveiller les échos endormis, dans cette demeure cardinalice dont il était l'hôte assidu, le familier et presque le maître, puisqu'il l'appelait *propria mea domus,* défilaient toutes les sommités du temps, les membres du Sacré-Collège, les rois et les princes en visite auprès du Saint-Siège, les ambassadeurs étrangers, la colonie italienne. Au contact journalier des savants et des philosophes, des professeurs et des artistes, il sentait se développer en lui les facultés créatrices. Dieu lui avait donné les ailes ; le milieu ambiant lui donna l'essor.

C'est à ce moment qu'il connut, j'allais dire qu'il conçut Laure, l'immortelle Laure, dont l'angélique rayonnement coula sur son âme comme une rosée céleste, et dont le charme magique n'est pas encore rompu. L'apparition de la chapelle des Clarisses fut la vibration du timbre sonnant dans sa vie l'heure décisive.

Quelle était cette Laure ?

Était-ce, comme l'a dit Boccace, la vaporeuse fée des illusions, se jouant en mirages à travers les allégories et les symboles ? Était-ce l'*Iris en l'air,* dont parle Voltaire, un mythe diaphane, de la nature des sylphes et des djins ?

Était-ce la Laure de Velutello, des seigneurs de Cabrières ? Appartenait-elle à la maison de Sade ou à la maison de Noves ? Descendait-elle de la souche d'Orange ou de la souche d'Ancezune ?

Je l'ignore, et je ne veux pas le savoir. Je ne veux pas le savoir malgré les 2,000 pages in-4° consacrées à cette recherche par le célèbre abbé de Sade ; malgré les intéressants travaux de MM. les abbés Roman, Arnavon, Costaing de Pusignan, Louis de Bondelon... (il est incroyable combien les abbés chez nous se sont intéressés à Laure). Je ne veux pas le savoir malgré la remarquable étude, couronnée par l'Académie française, due à la plume de l'illustre M. Mézières, qui serait parmi nous, nous écrit-il, si son grand âge ne le privait du plaisir qu'il y goûta en 1874.

Et d'ailleurs, pourquoi l'appelerais-je autrement que Pétrarque l'appela jamais ?

Et puis, n'est-elle pas plus adorable encore, légèrement voilée sous une gaze indécise, comme l'icone entabernaculée derrière le rideau du temple, quand son image aux contours de rêve apparaît à notre imagination estompée dans les lointains de la perspective ?

Quoi qu'il en soit, Pétrarque aima Laure, et dès lors c'est toute son histoire.

L'amour fait jaillir l'étincelle ; il dit : Que le poète soit, et le poète fut. Le génie déchire ses langes et illumine le front de celui dont le nom suffira bientôt à caractériser une époque. Laure inaugure pour lui, comme Béatrix pour Dante, une *vita nuova*. De Laure il meuble sa vie ; de Laure il meuble ses œuvres. La passion, ses ardeurs, ses transports, ses doutes, ses angoisses, ses extases, il la distille en traits de flamme.

Belle était la langue latine dont il s'était nourri jusqu'alors en compagnie de Cicéron et de Virgile ; mais c'était une beauté morte, difficilement adaptable aux mœurs nouvelles, à l'auscultation et à la dissection de l'âme, à la gamme chromatique du sentiment. Pétrarque adopte un nouvel idiome, dit *dialecte vulgaire,* vagabond jusqu'alors dans la campagne de Rome ou sur la pente des Alpes méridionales. Ce dialecte, il le polit, il le façonne, il en adoucit la rudesse, il en modèle les formes, il en sertit les beautés. Il en fait un verbe nouveau, plus en rapport avec le doux parler de son idole, un verbe charmant, élégant, expressif, nuancé de tout le jeu des métaphores, une aube de renaissance pour la littérature italienne.

Dans cette langue, il chante l'amour, sans doute, mais il chante aussi Dieu et la Patrie, c'est-à-dire toutes les adorations et toutes les espérances, tout ce qui agite et tout ce qui calme l'humaine nature. De son chant s'élèvent des mélodies de lyre, des hymnes sacrés, parfois des éclats de trompettes.

A la chaste réserve de la plus chaste des amantes son amour se purifie et s'idéalise, et ce reflet d'idéalisme rend sa note plus immatérielle et l'imprègne de l'ineffable volupté de la vertu. La vertu n'est-elle pas la source la plus pure et la plus noble de la poésie ? Si Laure, Égérie et Béatrix devinrent les sublimes inspiratrices de Pétrarque, de Numa et de Dante, c'est qu'elles restèrent les sœurs des anges. Qu'elles eussent franchi les limites de l'idéal,

et peut-être n'aurions-nous jamais eu l'immortel *Canzoniere,* les *Inspirations* de la Camène du Latium, ou la
Divine Comédie.

Pendant ce temps, Pétrarque s'était isolé à Vaucluse,
dans cette vallée de Tempé, où, durant 15 ans, sa Muse
allait se jouer, à l'ombre des lauriers-roses, au murmure
de la fontaine en goguette sur les roches glissantes, dans
une atmosphère de senteurs, de saveurs, de coloris et de
rêve.

Nous y avons retrouvé hier son ombre grandiose errant
dans les gorges étroites, sur les berges verdoyantes de la
Sorgue, auprès des roches entrecoupées, répétant encore,
en songeant à son idole, le *Super flumina Babylonis* des
cœurs inassouvis.

Je ne redirai pas — je les ai dites hier — les péripéties
du drame intime qui se joua dans la verte solitude, entre
l'esprit et le cœur du poète, entre sa volonté et sa passion.
Tous les obstacles il les accumula à l'encontre de l'obses-
sion. Sa résistance fut héroïque. Surexcitations de la
pensée, préceptes de la foi, théories de la morale,
apophtegmes de la philosophie, abstractions de la science,
éclectisme de l'érudition, il en fît un réseau à sa passion.
— Mais le cœur glissa entre les mailles. Des pages entre-
baillées de ses traités de philosophie ou de morale, des
feuillets épars d'un gigantesque ouvrage sur Scipion
l'Africain, odes et ballades, sonnets et canzoni s'éparpillè-
rent au vent, et l'amour triomphant, devenu sonore
comme une harpe éolienne, s'épandit en célestes harmonies.

Ce fut dans son coquet ermitage de Vaucluse que la
gloire vint le sacrer. Son nom volait de bouche en bouche ;
on répétait ses *Rimes* sur tous les rivages. Par une mati-
née ensoleillée d'août 1340, deux estafettes lui parvinrent :
l'un lui annonçant que le Sénat romain avait résolu de le
couronner au Capitole, l'autre que l'Université de Paris
lui décernait le laurier d'Apollon.

Pétrarque venait d'entrer dans l'histoire ; il y entrait par la porte d'or de la poésie.

Avignon, Vaucluse, Laure, trilogie lumineuse, cadres indispensables à sa physionomie devant la postérité ! Sans elles, a dit M. Mézières, auquel je voudrais faire des emprunts plus nombreux, Pétrarque eût été un grand esprit, mais il n'eût jamais été le génie que les siècles admirent, car il se fût ignoré lui-même. Dans sa confession générale, le poète avoue que c'est à elles qu'il doit sa gloire et sa renommée. « De tous les ouvrages sortis de ma plume, ajoute-t-il, il n'en est pas un qui n'ait été écrit, conçu ou commencé à Vaucluse. »

Décidément, dans le riche patrimoine du poète, la part d'héritage qui nous revient n'est pas la moins belle.

Un jour, Pétrarque, qui avait dialogué dans le ciel avec saint Augustin, qui avait conversé avec tous les grands hommes du passé, eut l'idée de se tourner vers l'avenir et d'écrire une lettre à la Postérité. Avec la bienséante modestie d'un homme qui a conscience de son mérite, il lui disait : « Peut-être entendras-tu parler de moi ».

La lettre est arrivée à son adresse, et la postérité n'a pas trahi l'attente de son correspondant. Elle a divinisé son nom. Elle a traduit, publié, commenté son œuvre poétique plus de trois cents fois, dans tous les pays et dans toutes les langues. Elle a vulgarisé par l'écriture les moindres épisodes de son existence, comme elle a vulgarisé ses traits par le pinceau et par le burin.

Mais ici, sous son propre ciel,

> Car le ciel du pays est aux lieux où l'on aime !
> (DELAVIGNE.)

la postérité a contracté une dette particulière de reconnaissance. Et c'est une des échéances de cette dette que nous acquittons aujourd'hui.

Qu'importe, qu'en un jour de morosité, le fils adoptif se soit montré oublieux et injuste envers sa seconde patrie. L'exil rend ombrageux et le patriotisme explique bien des choses. Rome avait été deux fois reine du monde, par le sceptre des Césars et par la croix de saint Pierre. A cette heure, Rome était découronnée de ses deux royautés, et le fils de l'Italie ne pouvait pardonner à la terre d'élection d'avoir ravi un de ses diadèmes à la terre de prédilection.

Simple nuage que le vent dissipe. La cité avignonaise, qu'auréole la gloire de son poète, n'a pas gardé rancune de reproches immérités. Elle n'en conserve pas moins à sa mémoire un culte pieux et fidèle.

Ne serait-elle pas protégée d'ailleurs contre toute défaillance du souvenir, cette mémoire illustre, par Celle qui fut son chef-d'œuvre inimitable, par celle dont il fit et qui restera son inséparable compagne devant l'histoire!

Elle est bien à nous tout entière celle-là, je suppose, cette radieuse fée de la Val-Close, cette sœur aînée de Mireille, qui apparaît à un des tournants de nos annales comme l'idéalisation de la vertu, de la grâce et de la beauté, celle dont la seule évocation fait vibrer les cordes de nos lyres.

Ah! belle Laure, Laure adorée, toi qui créas Pétrarque puisque tu inspiras sa muse, préside toujours à nos fêtes. Laisse nos mains te tresser des guirlandes, cueillir le myrthe, effeuiller à tes pieds roses blanches et lauriers-roses pour éveiller encore ton sourire !

Nous te chanterons à chaque jour de triomphe, à chacun des anniversaires du poète qui t'aima, car tu es la poésie synthétisée, car tu es la Provence en fleurs, la Provence comme toi éternellement belle et éternellement jeune, la Provence qui, comme toi, inspire l'amour.

Après ce discours souvent interrompu par les applaudissements, MM. le comte Pinchia, R. Bonafous et Raqueni prononcèrent les allocutions dont nous donnons le texte ci-après. Puis M. Labande, secrétaire général de l'Académie de Vaucluse, et M. A. Mouzin, rapporteur des Concours, lurent les mémoires insérés à la suite.

DISCOURS DU COMTE EMILIO PINCHIA

Sous-Secrétaire d'État au Ministère royal de l'Instruction publique,
représentant du Gouvernement italien.

En conviant l'Italie à ce pèlerinage, ô vous, illustres gardiens des traditions de la Provence, vous avez fait acte de fraternité. Il est bien sympathique pour l'Italie d'en devoir l'occasion à un de ses plus grands poètes ; mais tout le charme de la réunion d'aujourd'hui, des fêtes de ces jours, est dans la vision d'âme personnifiée en l'exquise figure provençale de Laure de Noves. C'est ainsi qu'à cette terre, bénie par la lumière, revient le gracieux honneur d'avoir donné à l'art et de donner à l'histoire le symbole de la femme, telle que la plus pure imagination du moyen âge l'a rêvée pour l'instituer comme la protectrice de la civilisation, en l'élevant dans les cieux éclatants où montaient, à l'époque des troubadours, les plus héroïques et les plus généreuses passions de l'humanité !

Voici qu'au seuil même de la vie européenne qui se renouvelle par l'art, l'image d'une femme en qui resplendissent toute la grâce et toute la poésie de la femme, surgit de cette Provence parfumée et enchanteresse, pour être la muse du poète italien dont le génie en appelle de l'humanisme afin d'inaugurer la Renaissance.

C'est une dette charmante que l'Italie a contractée envers la Provence depuis le quatorzième siècle, et « *le chiare fresque dolci acque* », dont la limpidité a inspiré, hier, de si gracieuses images aux gentes poètesses de votre Académie, ne pourront jamais, dans leur course vagabonde, rappeler autre chose que ces lacs d'amour dont fut, il y a cinq siècles, pris le cœur d'un homme de science et de poésie pour lui inspirer *le sonnet* lorsque, à la surface de la source de cristal de ciel et d'émeraude, paraissait, légère, suave, et transparente, l'image de la Provence, en la frêle et aérienne figure de cette fille *dóu soulèu* que l'âme amoureuse des siècles voue à l'immortalité.

Et ce savant, ce poète avait trouvé en la Provence l'image de la patrie que son âme évoquait, « *co 'l gran nome latino* ».

C'est ici, sur la terre de Provence, que la romanité dispersée, obscurcie par l'époque des barbares, retrouve sa gloire, comme si vos oliviers qui, si aimablement, agitent leurs feuilles d'argent à la brise dont chantent les cigales, se rappelaient être les bons frères de ceux de l'Attique, dont se décora l'auguste front de Pallas-Athéné, les mêmes dont le reflet mystique planait sur les méditations du Tusculum.

C'est ici que se réfugia la vie littéraire du monde occidental. Vos trouvères réveillèrent les harmonies latines. Nos poètes de la Sicile et de la Toscane en recueillirent l'inspiration, pour donner un nouvel essor à la vie littéraire des siècles à venir.

Voilà l'œuvre d'humanité qui, fraternellement, s'accomplissait en ce beau « *regno di Arli* », auquel le Rhône apporte, avec les senteurs des Alpes, l'énergie sacrée des hauteurs, à qui la Méditerranée donne la douceur du rêve et qui, depuis les Pyrénées où trônait la voix cavalière du Cid Campeador, jusqu'au cœur des vallées du Piémont où s'épanouissait la légende Aléramique, étendait, le long des plages historiques qui nous parlent de l'éclosion d'une race, la marche triomphante vers une civilisation supérieure.

Ce « *regno d'Arli* », qui salua comme souveraine dame Béatrice de Savoie, dont quatre reines sont issues ; qui enfanta le « *gai saber* » et les Contes d'amour, sans lesquels Galeotto n'eût pas écrit *Il Libro* et Dante n'aurait peut-être chanté les *Colombe dal Disio chiamate*.

Le royaume de Provence qui rafraîchit les âmes avec la

rosée floréale des *aubes, sirventes, tensons, ballades, salutz* : ineffables lais de tendresse en qui, sortie de l'âge rude et cruel, l'Europe d'Occident cherchait les hymnes magiques jadis chantés au bord du Céphyse et du Tibre, des fleuves de la Sicile, où s'était réfugiée la tremblante Aréthuse.

Ces voix de tendresse nous viennent encore de la Provence ; nous les entendons tous. Il n'y a pas de cœur qui n'en palpite. Elles montent au soleil avec le parfum des lauriers et des genêts.

N'est-il pas consolant de les écouter ?

N'est-ce pas la vraie vie, qui est grande par le passé, agile et florissante par l'avenir, celle qui sait comprendre la séduction des souvenirs, la magnificence intellectuelle des époques illustrées par l'art et par le sentiment ?

Nous le savons bien, nous tous, unis ici par le même souvenir, nous qu'exalte la même pensée.

Lorsque, à la tombée du jour, votre beau ciel reluit d'une splendeur d'incendie et les éclats de votre soleil rayonnant s'étalent sur l'air limpide en immense auréole, à cette heure de la journée qui impose le calme du repos, après les nobles inquiétudes du travail, qui nous fait songer à un lendemain rempli d'œuvres et de lumière, la douce mélancolie des choses passées nous chante dans l'âme.

Ne songe-t-on pas, en ce moment, que les souvenirs sont l'essence de la plus pure spiritualité, que nos esprits se rencontreront en les espaces éblouissants dont se décore ce pays féerique, et qui donnent la gloire et la joie de la couleur aux pics de nos montagnes, aux flots de notre mer ?

N'est-ce pas une grande tendresse en l'âme, une grande force en l'intellect, ce souffle idéal et mystérieux, en lequel passe la voix puissante et délicate de nos poètes et de nos artistes ?

C'est en ces moments que nous nous sentons envahir par les préoccupations immatérielles et que nous accueillons religieusement la bénédiction d'une communion spirituelle, nous ouvrant des perspectives de paix, de grandeur, d'inspirations claires et douces.

Encore une fois, notre bonne et vieille et chère voix romane nous rappelle à une destinée meilleure et plus complète :

« *Amor honest los sancts amants fa colre*
D'aquest vos am et mort nul me put tolre. »

DISCOURS DE M. RAYMOND BONAFOUS

Membre de l'Académie d'Aix,
Professeur à l'Université d'Aix-Marseille,
Représentant de M. le Ministre de l'Instruction publique.

Mesdames, Messieurs,

Ayant appris un peu tardivement le très grand honneur que me faisait M. le Ministre de l'Instruction publique en me chargeant de le représenter auprès de vous dans cette solennité littéraire, je n'ai pas eu le temps de préparer un discours. Vous y gagnerez certainement quelque chose : l'avantage d'avoir moins longtemps à m'écouter ; et je suis sûr que vous n'y perdrez rien, car assez d'autres voix autorisées, et hier et aujourd'hui, ont fait ou feront avec éclat l'éloge de celui qui nous réunit en ce beau et noble pays d'Avignon, comme il y réunissait, en 1874, il y a donc juste trente années, la génération qui nous a précédés.

Et pourtant, je l'avouerai sans fausse honte, il m'aurait été doux de faire, moi aussi, ma partie dans ce concert de louanges méritées devant l'auditoire de choix que l'Académie de Vaucluse et la ville d'Avignon ont su attirer ici, non seulement des différents points de notre Provence riante et parfumée, mais des régions, parfois lointaines, qui constituent la généreuse France et la généreuse Italie, laquelle est ici officiellement et dignement représentée par M. le chevalier Pinchia, député d'Ivrée et sous-secrétaire d'État de l'Instruction publique. J'aurais aimé à ne pas me borner à dire : Merci à ceux qui nous ont appelés ! Merci à ceux qui ont répondu à l'appel !

Pétrarque est d'abord un des premiers poètes dont s'honore l'Italie. Remarquez que je ne dis pas : le premier ;

car Dante doit être mis hors de pair. Ce n'est du reste pas faire tort à un génie que de le placer après l'auteur sublime de la Divine Comédie, un de ces êtres à part dont s'honore, non seulement le pays qui les vit naître, mais l'humanité tout entière. Cette réserve faite, il serait oiseux et outrecuidant de discuter si Pétrarque est le second, ou le troisième, ou le quatrième poète de l'Italie. On ne donne pas des rangs aux grands poètes comme aux écoliers d'une classe. Une chose pourtant est sûre : c'est que, Dante écarté, Pétrarque est venu le premier dans l'ordre des temps. Une autre chose certaine aussi, c'est que Pétrarque fut un artiste de premier ordre. Des esprits chagrins (tous les Homère ont des Zoïle) lui ont reproché d'être avant tout un artiste ; comme si la poésie, comme si un genre littéraire quelconque pouvait exister en dehors des préoccupations artistiques. Est-ce que Virgile, Gœthe et Victor Hugo n'ont pas été, eux aussi, des artistes, et le leur a-t-on jamais reproché ? Et avons-nous lieu de nous en plaindre ? Non pas. L'art embellit toutes les choses qu'il touche, et, en les faisant belles, leur donne l'immortalité. La seule chose qu'on puisse, qu'on doive exiger de l'art, c'est qu'il prenne la nature pour guide ; c'est qu'il soit l'écho, la traduction d'idées vraies et d'émotions sincères. Or, Pétrarque fut sincère dans son affection pour Laure. Qu'il ait en partie idéalisé sa dame, je le reconnais volontiers. Mais quel amant n'idéalise pas son amante ? Cette transfiguration de l'être aimé est elle-même une preuve de la réalité de l'affection. Une autre preuve de la sincérité des sentiments de Pétrarque, c'est leur persistance après la mort de Laure. Oui, disons-le bien haut, Pétrarque fut vraiment, profondément, douloureusement amoureux. Et c'est pour cela qu'aujourd'hui encore ses accents plaintifs nous touchent tout en nous charmant. Pétrarque fut un véritable et un grand poète, parce qu'il réunit en lui les deux qualités fondamentales exigées par Horace, l'art et la nature.

Mais Pétrarque ne fut pas seulement un grand poète,

ce fut aussi un grand savant. Au sortir de cette demi-nuit du moyen âge, il sentit très nettement que la pensée humaine ne pouvait reprendre sa place qu'en se retrempant aux sources pures de l'antiquité. Ce fils d'Arezzo, ce citoyen de Vaucluse, reporta ses regards dans le passé, vers l'époque où Rome avait fait rayonner autour d'elle l'éclat de sa civilisation et semblait n'avoir conquis le monde que pour le rendre meilleur. Ce grand inquiet, qui semblait ne pouvoir tenir en place, transforma ses incessants voyages en une sorte de long pèlerinage littéraire. A l'affût des moindres vestiges de la pensée antique, il acheta, réunit, copia, corrigea un nombre prodigieux de manuscrits, et il est mainte page des auteurs anciens que nous ne lisons aujourd'hui que grâce aux investigations infatigables de Pétrarque. Ce mouvement alla s'accentuant, lorsque l'aimable Boccace, érudit et lettré lui aussi, se fut mis de la partie avec une ardeur qui égala celle de son ami, et se porta également sur les œuvres grecques, que Pétrarque n'avait fait qu'entrevoir. Toute l'antiquité reparut au jour, comme un flambeau lumineux pour éclairer la route dans laquelle s'engagea l'humanité nouvelle. On vit dans les auteurs anciens non seulement des génies qui s'imposaient à l'admiration, mais des modèles qu'on devait s'efforcer de reproduire. La fiction de Dante, qui prend Virgile pour guide en enfer et en purgatoire, devint une réalité. Les anciens furent les guides, les maîtres vénérés qu'on voulut suivre et imiter dans leur propre langue, au moins ceux qui avaient parlé latin. Ici encore Pétrarque fut le premier. Il écrivit en latin, encore plus qu'en italien, des lettres, des œuvres d'érudition, des traités philosophiques, des églogues, un poème épique. Il écrivit en un latin qui fut dépassé par les humanistes des siècles suivants, notamment par Bembo. Mais il écrivit en un latin déjà sensiblement supérieur à celui de Dante lui-même. Non content d'aimer, d'admirer les Latins, il se refit Latin lui-même, et lorsque, en l'an 1374, au mois de juillet, on le trouva mort dans sa bibliothèque, sa tête était penchée sur un livre ouvert. Il continuait au-delà du tombeau la conversation qu'il avait commencée vivant avec ses ancêtres latins.

Si, comme poète, Pétrarque donna un nouvel essor à la poésie italienne et laissa, après lui, une longue série d'imitateurs, dont aucun pourtant ne l'égala, il fut, comme érudit, plus utile encore à sa patrie et au genre humain en général. Car, dans le domaine de l'érudition, les générations suivantes allèrent plus avant que lui sur la voie qu'il avait ouverte. Mais, si on le dépassa, ce fut en suivant son exemple, et c'est à ce titre surtout qu'il a bien mérité de l'humanité. Comme l'a si bien démontré M. de Nolhac, qui, mieux que moi, eût remplacé M. le Ministre en cette occurrence, Pétrarque fut l'initiateur de l'humanisme, c'est-à-dire de ce réveil de l'esprit qui émancipa la pensée humaine et produisit une si fructueuse moisson dont nous profitons encore de nos jours. En ce sens, ce poète fut un bienfaiteur de l'humanité, et il y aurait ingratitude à l'oublier aujourd'hui.

Mesdames, Messieurs, voilà ce que j'aurais pu dire avec quelques preuves à l'appui, en vous citant quelque gracieux sonnet, en vous traduisant quelque fragment de ses délicieuses lettres latines. Fort heureusement, le public lettré qui m'entoure n'avait nul besoin d'une démonstration en règle ; car tous les arguments que j'aurais invoqués sont déjà inscrits d'avance dans l'esprit et le cœur de ceux qui m'écoutent.

Je me bornerai donc à exprimer brièvement deux ou trois idées d'une autre nature, se rattachant toutes à Pétrarque, mais d'une façon moins directe.

La première, c'est que, de même qu'aujourd'hui on célèbre à Vaucluse et à Avignon le sixième centenaire de sa naissance, on célébra dans les mêmes lieux, il y a trente ans, le cinquième anniversaire de sa mort ; que les représentants de l'Italie furent, à cette époque, M. l'ambassadeur Nigra et M. Augusto Conti, le vénéré archiconsul de l'Académie de la Crusca, auquel j'avais l'honneur de rendre

visite à Florence même il y a trois mois à peine. Vous me
permettrez d'adresser en votre nom nos respectueux souvenirs à ces vétérans du culte de Pétrarque. J'ajouterai, et
l'on me pardonnera cette note personnelle, que mon père,
alors doyen de la Faculté des Lettres d'Aix à laquelle
j'appartiens aujourd'hui, fit partie de ces fêtes en qualité
de président du jury français. J'évoque son souvenir
avec d'autant plus de confiance qu'il s'agit en ce jour de
glorifier un poète italien, et que c'est de lui que j'ai appris
à connaître et à aimer l'Italie et la littérature italienne à
laquelle je me consacre depuis plusieurs années.

J'ajouterai que ces fêtes en l'honneur de Pétrarque
sont un écho légitime de celles qui se célèbrent actuellement dans la cité d'Arezzo, pittoresquement suspendue à
cette colline au sommet de laquelle Pétrarque a vu le jour.
Pétrarque n'est pas né chez nous ; mais il y a vécu longtemps ; c'est en faveur de la gracieuse Sorgue et du
Rhône majestueux qu'il a renoncé le plus longtemps à
son humeur voyageuse. Il y a plus : son art, malgré la
note personnelle indéniable, est un rejeton de l'art de nos
troubadours provençaux, qui lui parvint, en partie indi-
rectement, à travers les écoles sicilienne, toscane, et du
« dolce stil nuovo », mais en partie aussi directement,
par son séjour prolongé dans nos régions ; et il m'est
d'autant plus agréable de le rappeler, que cet art revit de
nos jours, aussi jeune et plus original, dans la glorieuse
pléiade de nos félibres, dont je n'ai pas à citer les noms,
car ils sont sur toutes les lèvres, formant cortège à celui
de notre grand Mistral.

Encore un dernier mot. La présente fête doit une
importance spéciale aux événements politiques qui l'ont
précédée. Rappelons-nous le voyage à Paris des souve-
rains italiens et l'accueil si chaleureux fait à Rome, plus
récemment encore, au président de notre République.
La fête d'hier et d'aujourd'hui contribuera elle aussi, d'une
façon plus modeste, mais certainement aussi solide, à
resserrer les liens qui doivent unir, qui unissent main-

tenant les deux nations. Et, puisqu'il s'agit d'un poète
que Paris et Rome voulurent couronner en même temps,
on ne m'en voudra pas, après m'être servi du langage de
Paris, d'exprimer dans celui de Rome le vœu que je
forme en ce jour : « Possa questa solennità riuscire utile
e proficua all'amicizia d'ora innanzi eterna della Francia, dell' Italia ! Possano le due sorelle primogenite della
gran famiglia latina scambiare cordiali saluti e sguardi
amorevoli al disopra delle Alpi, oramai abbassate ! »
Je traduis ces paroles en français, non pour me faire
mieux comprendre, car tout le monde les a saisies, mais
pour avoir le plaisir d'exprimer une seconde fois l'idée,
le vœu qu'elles renferment : « Puisse cette solennité être
utile et profitable à l'amitié dorénavant éternelle de la
France et de l'Italie ! Puissent les deux sœurs aînées de
la grande famille latine échanger des regards d'amour
au-dessus des Alpes, désormais abaissées ! » Puissent,
ajouterai-je encore, les orages qui, dans la suite des
siècles, s'amoncelèrent parfois sur leurs hautes cimes
neigeuses, faire place à une brise douce et rafraîchissante
qui répande au loin, plus loin même que la France et
l'Italie, des germes de travail, de paix et de fraternité !

LES SOUVENIRS DE PÉTRARQUE & DE LAURE
EN AVIGNON & A VAUCLUSE

PAR M. L.-H. LABANDE,
Secrétaire général de l'Académie de Vaucluse.

En France comme en Italie, le retour de l'anniversaire de la naissance de Pétrarque suscite aujourd'hui des recherches approfondies sur le poète et son œuvre, sur son entourage, ses amis, ses relations. De nombreux travaux sont annoncés comme devant paraître ou viennent d'être livrés au public. Je voudrais, moi aussi, apporter ma pierre à l'édifice commun. Mon ambition ne sera pas grande : je me contenterai d'examiner quels sont les monuments qui, à travers les âges, ont rappelé la mémoire de Pétrarque aux habitants et aux visiteurs d'Avignon et de Vaucluse, j'essaierai de reconnaître les différentes habitations qui ont abrité son cœur inquiet et où il a passé ses studieuses journées, je signalerai enfin les souvenirs que la tradition tout au moins a rattachés à la Laure, chantée par lui dans des vers immortels (1).

Ce ne sera pas toujours facile, car bien des fables se sont substituées à la vérité, et puis, en Avignon même, la mémoire du poète sembla s'oublier à partir du jour où il secoua sur la _Babylone moderne_ la poussière de ses sandales, pour s'en éloigner à tout jamais. On croirait que les Avignonais se sont ainsi spirituellement vengés des invectives échappées à sa verve satirique. Mais, à dire

---

(1) Je ne m'occuperai pas ici de la question des portraits de Pétrarque et de Laure, conservés dans les Musées ou familles d'Avignon, du Comtat et de la Provence ; je me borne à renvoyer à l'ouvrage du prince d'Essling et de M. Eug. Müntz, _Pétrarque, ses études d'art, son influence sur les artistes, ses portraits et ceux de Laure_ (Paris, 1902, in-fol.).

le vrai, il n'en est rien. Le peuple avignonais était, au xiv*
siècle, composé de tant de nations diverses, il était en-
traîné au milieu d'un tel tourbillon d'événements multi-
ples et retentissants, qu'il n'avait guère le loisir ni le
moyen de conserver longtemps le souvenir d'un littérateur, fût-ce un Pétrarque, dont les œuvres latines étaient
jugées trop savantes pour qui n'était pas érudit, et dont
les poésies toscanes, incomprises du vulgaire, restaient,
pour lui, à peu près lettre morte.

Il fallut la Renaissance littéraire, il fallut la curiosité et
l'enthousiasme des érudits et des amants de l'antiquité,
pour lui rendre la place qu'il mérite.

Cependant, ce serait une erreur de dire que, jusqu'à
cette époque, personne, en Avignon, ne songea plus à
lui : les religieuses de Saint-Laurent, et nous verrons
tout à l'heure qu'il fut longtemps leur voisin, avaient
inscrit son nom dans leur obituaire (1), avec la qualifica-
tion d'*amicus noster,* et tous les ans, à la date du 17 décembre, elles priaient pour le repos de son âme (2). C'est
ainsi que, jusqu'à la Révolution, ce couvent de Bénédictines aristocratiques, au milieu desquelles s'étaient reti-
rées, au temps de Pétrarque, plusieurs filles des maisons
de Sade et de Noves (3), conserva pieusement la mémoire
du fameux amant de Laure.

A l'heure actuelle, on n'a pas encore éclairci par quels
titres Pétrarque mérita d'être déclaré l'*ami* de ces religieuses. Leur avait-il servi d'intermédiaire pour l'obten-
tion de faveurs, soit du pape, soit des cardinaux ? Très
probablement.

Lui-même, après être revenu de l'Université de Bologne,

(1) La Bibliothèque d'Avignon conserve une copie de cet obituaire au
fol. 159 du n° 2465 de ses manuscrits.

(2) Cette mention de l'obituaire de Saint-Laurent a été signalée pour la
première fois par M. G. Bayle, dans ses *Études sur Laure* (*Bulletin historique et archéologique de Vaucluse,* t. IV, 1882, p. 303 et 305), puis par
M. A. Deloye, *Pétrarque et le monastère des dames de Saint-Laurent à Avignon* (tirage à part du t. II des *Annales du Midi*), p. 2.

(3) Voir à ce sujet G. Bayle, *loc. cit.,* p. 305 ; A. Deloye, p. 3 à 5.

où il avait poursuivi, tant bien que mal, ses études juridiques, s'était attiré la bienveillance du cardinal Jean Colonna, et vivait dans sa maison sur un pied d'intimité des plus flatteurs. Il nous apprend qu'à son retour de Gascogne, où il avait accompagné Jacques Colonna, évêque de Lombez, il demeura de longues années auprès du cardinal Jean, non comme un serviteur, mais plutôt comme un fils ou comme un frère chéri ; mieux encore, dit-il, j'étais chez lui comme chez moi (1). Attaché à la personne de ce prélat en qualité de chapelain (ce qui ne l'avait pas obligé à recevoir les ordres majeurs (2), mais ce qui lui permettait, par contre, de percevoir des prébendes et d'être doté de canonicats) (3), il trouva auprès de lui une société choisie, dans laquelle il noua de solides amitiés (4). Cette maison n'était-elle pas le rendez-vous de tous les étrangers, distingués par leurs connaissances ou par leurs talents, que la cour romaine attirait en Avignon (5) ?

Or, la livrée que ce Mécène de Pétrarque et que Pétrarque lui-même habitèrent, était celle, tout proche du monastère de Saint-Laurent, qui avait été attribuée, en 1316, lors de la fixation de la papauté sur les bords du Rhône, au cardinal Pierre Colonna (6). Mais une livrée n'était pas un palais, ainsi qu'on le croit communément. Lorsque les commissaires répartiteurs fixèrent leurs logements aux suivants de Jean XXII, ils s'étaient contentés de donner à

(1) « Inde rediens, sub fratre ejus Joanne de Columna cardinale, multos per annos, non quasi sub domino sed sub patre, immo ne id quidem, sed cum fratre amantissimo, immo mecum et propria mea in domo fui. » *Lettre de Pétrarque à la postérité*, publiée par l'abbé de Sade, *Mémoires pour la vie de François Pétrarque*, t. III, pièces justif., p. 6.

(2) Cf. A. Mézières, *Pétrarque* (éd. de 1868), p. 12.

(3) Ainsi, à la prière du cardinal Colonna, le pape Benoît XII lui en octroya un, en l'église de Lombez, le 25 juin 1335. (Abbé de Sade, t. III, pièces justif., p. 47.)

(4) C'est chez le cardinal Colonna qu'il fit connaissance du Romain Lelius, de Senuccio del Bene et surtout de celui qu'il appelait Socrate, et avec lequel il entretint les plus cordiales relations.

(5) Lettre de Pétrarque, dans ses *Œuvres* (éd. de Bâle), fol. 1041.

(6) Bibl. d'Avignon, ms. 2379, fol. 244 et 246 v°. — Jean Colonna avait été créé cardinal-diacre au titre de Saint-Ange, le 18 décembre 1326.

chaque cardinal, pour s'y établir, un certain nombre de maisons voisines les unes des autres. Pierre Colonna en avait reçu, pour sa part, une quinzaine, en tout ou en parties (1). Sans doute, il s'était mis en mesure d'assurer ou de faciliter les communications entre chacune de ces maisons et de les isoler du reste de la ville ; mais de là à créer un palais, il y avait loin.

Cette petite cité resta entre les mains de Jacques Colonna jusqu'à sa mort, qui arriva le 29 juin 1348. Pétrarque était alors en Italie et ne devait plus rentrer, du moins comme commensal attitré, dans la maison qui avait été la sienne si longtemps. Quand il revint en Avignon, la livrée ou ce qui restait, car le bienfaiteur du poète en avait, dit-on, légué une partie aux dames de Saint-Laurent, cette livrée, dis-je, avait été donnée au cardinal Étienne Aubert, évêque d'Ostie. Celui-ci, devenu pape sous le nom d'Innocent VI (1352), la passa à son neveu, Ardouin Aubert, évêque de Maguelone, en lui conférant la pourpre. Ce dernier semble avoir apporté des embellissements à l'ancienne demeure des Colonna. C'est à lui que l'on dut, vers 1353, l'édification de la magnifique tour qui fait l'orgueil de tout bon Avignonais, depuis qu'elle est devenue le beffroi de l'Hôtel de ville (2). Cette tour et des caves, bâties par le même prélat, furent encore léguées par lui aux Bénédictines de Saint-Laurent (1363) (3). Quant à la livrée, elle passa entre les mains du cardinal Anglic Grimoard, évêque d'Albano et frère d'Urbain V, qui, par testament, la laissa (1388) au monastère de Saint-Ruf à Montpellier (4).

C'est aux chanoines de ce monastère qu'en avril 1447, le conseil de la ville d'Avignon l'acheta pour en faire la maison commune. Quelque temps après, il louait la grande tour des dames de Saint-Laurent avec une autre petite tour située par derrière, et il y faisait transporter

(1) Bibl. d'Avignon, ms. 2834, fol. 57 v°.

(2) G. Bayle, *Tour de l'Hôtel de ville d'Avignon*, dans le *Bulletin historique et archéologique de Vaucluse*, t. III (1881), p. 76.

(3) *Idem, ibidem* ; Deloye, p. 7.

(4) *Idem*, p. 77.

ses archives (22 juin 1452); moins de dix ans plus tard
(23 septembre 1461), il décidait d'y établir une horloge
publique, ce qui l'obligeait à construire pour la recevoir
l'étage supérieur ou couronnement de la tour ; enfin, le
13 mai 1497, la ville acquérait définitivement les immeubles qu'elle tenait à bail des Bénédictines (1).

Telle est l'histoire abrégée de la livrée où Pétrarque
passa quelques-unes des meilleures années de sa vie. La
maison principale qui la constituait (si toutefois il faut en
faire remonter la construction à la première moitié du
XIVᵉ siècle) subsista comme Hôtel de ville, avec ses larges
croisées, ses écussons et ses créneaux, jusqu'en l'année
1845, date à laquelle elle fut rasée pour faire place à
l'édifice de style pseudo-grec qui existe aujourd'hui (2).
On eut cependant le bon esprit de conserver, à cette
époque, la tour de l'Horloge, mais on l'encastra dans les
nouveaux bâtiments, à la manière, dit le spirituel Mérimée (3), des alouettes, dont on laisse dépasser la tête dans
les pâtés de Pithiviers.

S'il est un endroit où la mémoire de Pétrarque soit
restée populaire, c'est bien le vallon de Vaucluse (4). Là,
tout parle de lui : les claires, fraîches et douces eaux qu'il
a célébrées, les rochers abrupts qu'il a escaladés, les
prairies, les champs et les montagnes où il a erré solitaire,
les bords de la Sorgue où, couché nonchalamment sur le
gazon, il a rêvé ses plus beaux poèmes, les fleurs qui
ont égayé ses yeux, les lauriers qu'il a plantés. Vaucluse
et sa fontaine se sont montrées reconnaissantes pour le
poète qui les a immortalisées; n'avait-il pas écrit lui-

(1) Voir pour tous ces faits, G. Bayle, même article; p. 77 à 80. — L'acte
de vente de la tour de l'Horloge, avec la date du 30 mai 1497, est encore
consigné en copie au fol. 228 du ms. 2465 à la Bibl. d'Avignon.

(2) Cf. P. Achard, *Dictionnaire des rues et places d'Avignon*, p. 87.

(3) *Lettres à Requien.*

(4) Sur *Pétrarque à Vaucluse*, voir l'étude remarquable de Mgr Fuzet, qui
sous ce titre vient de paraître à Rouen, à la librairie G. Cacheux (1904,
in-18). Les dates des séjours du poète dans le même lieu sont indiquées avec
précision par M. E. Müntz, *La Casa di Petrarca a Valchiusa*, dans la *Nuova
Antologia*, 16 août 1902, p. 638 et 641, et par Fredrik Wulff, *Petrarch at Vaucluse, 1337-1353* (Lund, Gleerup, 1904, in-8°), p. 13 et suiv.

même, avec la conscience de son génie, que Vaucluse n'aurait pas à regretter de l'avoir eu pour hôte, car malgré les merveilles de sa source, elle serait mieux connue de bien des gens à cause de lui et serait illustrée par ses vers (1)?

Mais l'affection de ses admirateurs a voulu retrouver, dans le village, la petite maison avoisinant celle de son fidèle Monet, qu'au dire de Boccace, il aurait achetée de ses deniers (2) pour s'isoler du monde en la compagnie de ses livres, et, sur les bords de la Sorgue, les jardins qu'il disputait aux Nymphes de la fontaine et cultivait de ses mains. Lui-même en a écrit plusieurs fois dans ses lettres, d'une façon plus ou moins précise; il nous apprend que le premier de ces jardins, qui formaient son *Parnasse transalpin*, était consacré à Apollon et se trouvait en pente près de la naissance de la Sorgue, borné par des rochers inaccessibles, qui lui procuraient, dès le milieu du jour, une ombre bienfaisante (3). On en reconnaît généralement la situation « au-dessous du château des évêques de Cavaillon, entre la rivière et la colline, là où aujourd'hui les usines se pressent au pied de cette colline » (4).

Le second jardin, agréable à Bacchus, était plus près de sa demeure et dans un lieu moins sauvage; les eaux rapides de la rivière l'entouraient et un petit pont le reliait à une grotte voûtée, impénétrable aux rayons du soleil, où lui-même, pendant les chaleurs de la journée, se livrait aux délices de l'étude (5). C'est encore mainte-

---

(1) Cf. la lettre de Pétrarque, traduite par l'abbé de Sade, t. III, p. 11.

(2) On a prétendu aussi que Pétrarque avait hérité de ses parents les immeubles qu'il eut à Vaucluse. Voir, à ce sujet, abbé de Sade, t. I, p. 340; G. Bayle, *Le véritable emplacement de l'habitation de Pétrarque à Vaucluse* (tirage à part de la *Revue du Midi*, 1897), p. 2-4 ; E. Müntz, *La casa di Petrarca*, p. 639. M. Fr. Wulff, p. 12, donne à supposer, après Velutello, que le père de Pétrarque avait des propriétés à Vaucluse.

(3) *Lettres familières*, liv. III, lettres 1 et 3. — Cf. Jean Saint-Martin, *La Fontaine de Vaucluse et ses souvenirs*, p. 104 ; Marquis de Monclar, *La Maison de Pétrarque à Vaucluse* (tirage à part du *Bulletin monumental*, 1895), p. 5 ; E. Müntz, p. 648.

(4) J. Saint-Martin, *ibidem* ; F. Wulff, p. 23, pl. XI et carte de Vaucluse à la fin de son ouvrage. — Ce n'est pas l'avis de M. G. Bayle.

(5) *Lettres familières*, liv. III, lettre 1.

nant une île ombragée de hauts platanes(1) ; propriété de Mme Élysée Tacussel, la tradition lui a conservé le nom de jardin de Pétrarque.

Si l'accord des critiques peut s'établir facilement sur ce point, il n'en est plus ainsi quand il s'agit de déterminer l'emplacement même de la petite maison que le poète habita. L'abbé de Sade (2) prétend qu'il ne reste pas le moindre vestige des constructions que Pétrarque avait achetées ou bâties pour se loger ; Alexandre Velutello, venu à Vaucluse, vers 1515, pour rechercher les souvenirs du *canzoniere*, n'a rien appris à leur sujet ; mais d'autres auteurs ont voulu donner des indications précises. Le Florentin Gabriel Simeoni semble être le premier qui ait parlé de la *casetta* du poète, en 1558 (3); il l'aurait retrouvée debout sur la colline, entre le village et le château des évêques de Cavaillon, mais délabrée et transformée en bergerie. Puis ce fut Philippe Tomasini, auteur du *Petrarcha redivivus* (1re édit. 1635, 2e édit. 1650), et Parrocel, d'Avignon, vers 1660, qui dans leurs planches représentant la fontaine de Vaucluse et le village, placèrent la maison de Pétrarque à peu près au même endroit (4). Leur thèse, d'ailleurs, a été défendue avec érudition par le marquis de Monclar ; le rez-de-chaussée de l'habitation du poète, avec vue au nord sur la Sorgue, et au sud sur la magnifique plaine du Comtat, serait même encore conservé sur un petit terre-plein, au-dessus des dernières maisons du village en montant au château. A l'ouest, un petit corps de bâtiment y est appuyé : ç'aurait été le logement de Raymond Monet (5).

Divers auteurs (6), au contraire, mais appartenant tous à

---

(1) Sa situation est indiquée sur la carte de Vaucluse, publiée par M. Fr. Wulff.

(2) T. I, p. 158.

(3) *Illustratione degli epitaffi e medaglie antiche*, p. 29-31. — Cf. Marquis de Monclar, *op. cit.*, p. 11 : E. Müntz, p. 643.

(4) Le Dr Guérin, *Description de la fontaine de Vaucluse* (1804), p. 70, note 1, met également cette maison entre le village et le château.

(5) Marquis de Monclar, *op. cit.*, p. 8 à 10.

(6) Dont MM. A. Mézières, p. 86 ; J Saint-Martin, p. 107.

des époques plus rapprochées de notre temps, prétendent qu'il faut chercher seulement au bord de la Sorgue l'emplacement de la demeure de Pétrarque. Le plus récent s'appuie encore sur des textes de 1609, où il est question du quartier du village appelé Pétrarque et de la maison dite du même nom, « avec ses crottes, colombier et precourz », pour démontrer que celle-ci ne pouvait se trouver qu'en face de l'île dont nous venons de parler et où le poète avait son jardin, sous l'abri de la roche qui, par endroits, s'avance pour former une voûte naturelle (1). D'ailleurs, la tradition actuelle désigne encore sous le nom de maison de Pétrarque, l'habitation, relativement récente, qui s'élève à cet endroit (2).

Je ne chercherai pas à trancher le différend, car j'estime que les passages où le poète parle de sa demeure sont trop peu explicites ; puis, les témoignages traditionnels les plus anciens sont encore postérieurs de deux siècles au départ du *canzoniere* de Vaucluse. Je rappellerai enfin que, le jour de Noël 1353, des brigands s'étaient introduits dans le village, avaient tout saccagé et avaient incendié la maison de Pétrarque, dont la voûte seule avait résisté au feu (3). C'était le prélude d'une période de dévastion, qui allait faire de Vaucluse un lieu désert et abandonné (4). Dans ces conditions, à quoi bon s'acharner à une solution illusoire ? Qu'importe aussi que Pétrarque ait résidé ici ou là ? La célèbre vallée n'était-elle pas tout entière la demeure du poète, et la voix, qui, par ses chants au bord des fraîches eaux, a

---

(1) G. Bayle, *Le véritable emplacement de la maison de Pétrarque.*

(2) Telles sont aussi les conclusions développées par le regretté M. E. Müntz dans ses études : *La Maison de Pétrarque à Vaucluse,* éditée par le *Gaulois* du 27 juillet 1896 ; *La Casa di Petrarca a Valchiusa,* publiée par la *Nuova Antologia,* et déjà citée.

(3) Voir le texte même de Pétrarque, cité par G. Bayle, p. 12.

(4) Dans son testament (4 avril 1370), Pétrarque parle de ses possessions de Vaucluse : comme elles ne valaient pas le voyage de Padoue, il les donna à l'hôpital de Vaucluse ; en cas d'empêchement de délivrance de ce legs, à Jean et Pierre, fils de Raymond de Clermont, dit Monet, son serviteur. (Abbé de Sade, t. III, p. 744 ; E. Müntz, *La Casa...,* p. 642).

renouvelé la sensibilité humaine, ne s'y fait-elle pas encore entendre partout (1)? De cette demeure, disons avec Joseph-Marie Suarez :

« Ista domus nullas unquam est sensura ruinas (2). »

C'est à Vaucluse que Pétrarque, goûtant les charmes de la solitude, a écrit, avec les œuvres latines qu'il composait pour la postérité, une partie de ses lettres (3) et presque toutes ses *Canzoni* en l'honneur de Laure ; c'est là que celle-ci a acquis une gloire impérissable, due à sa beauté, à ses vertus, mais surtout au génie de son admirateur. D'elle aussi on a voulu retrouver les traces dans la célèbre vallée qu'elle dut fréquenter (4) ; d'aucuns même, avec leur imagination, ont reconnu la maison voisine de celle de Pétrarque, où parfois elle aurait résidé (5); mais, comme on n'a été guidé dans les recherches que par des allusions fugitives et trompeuses, relevées dans les poèmes du *canzoniere,* il n'est pas étonnant qu'on n'ait abouti à rien de sérieux.

Selon une tradition, qu'il est maintenant impossible de contrôler, il serait resté à Avignon, de l'aimée de Pétrarque, une image plus précise que celle qui flotte dans ses vers. Soit à la sollicitation de son illustre ami, soit de son propre mouvement, le peintre Simone Martini, de Sienne,

(1) Tel est sans doute aussi le sentiment de Mgr Fuzet, qui parle plusieurs fois de la maison de Pétrarque (p. 26 et 143), sans chercher à en fixer l'emplacement.

(2) Vers sur Vaucluse et la maison de Pétrarque (Tomasini, 2ᵉ édit., p. 80).

(3) Voici son témoignage : « J'y ai commencé mon poème de l'Afrique, qui me fait frémir, lorsque, revenant sur mes pas, je considère la grandeur de l'entreprise. J'y ai écrit une grande partie de mes lettres en prose et en vers. J'y ai fait presque toutes mes *Églogues* en très peu de jours, mes deux traités de la *Vie solitaire* et du *Loisir religieux.* J'y ai ébauché cette esquisse des grands hommes de tous les pays et de tous les siècles, dont j'ai entrepris de rassembler les portraits. Enfin, j'ai plus écrit là que partout ailleurs. » Traduction de l'abbé de Sade, t. III, p 11 et 12.

(4) Cf. J. Saint-Martin, p. 142.

(5) Cf. Abraham Golnitz, *Ulysses belgico-gallicus* (Lyon, 1655), cité par G. Baylé, *Le véritable emplacement...,* p. 19 et 20. Cette fable de Golnitz a été adoptée par le Père Labat dans ses *Voyages ;* Mᵐᵉ de Scudéry, dans son roman de *Mathilde ;* Mᵐᵉ Deshoulières, dans ses *Idylles,* etc.

en aurait fixé les traits dans une composition qui ornait la paroi droite du porche à l'église métropolitaine. L'artiste avait été chargé, en effet, par le cardinal Annibal Ceccano, de couvrir de fresques tout l'intérieur de ce porche. Au fond, au-dessus de la porte d'entrée de l'église, il représenta la Vierge et l'Enfant, adorés par le prélat et placés au-devant d'une draperie soutenue par des anges, puis, dans un compartiment supérieur, le Père Éternel tenant en main la boule du monde et bénissant, au milieu d'anges inclinés. Sur la paroi gauche, il figura une scène de la vie de saint André Corsini : ce jeune religieux, revenant de Paris, où il avait fait ses études universitaires, était passé par Avignon en 1334, et il avait rendu la vue à un aveugle qui mendiait à la porte de Notre-Dame des Doms. Enfin, sur le mur de droite, Simone Martini avait peint le tableau, dont Esprit Calvet fit ainsi la description (1): « C'est un saint Georges colossal, monté sur un cheval blanc, portant du côté droit une courte épée dans son fourreau ; il force sur les étriers en avançant le corps et la tête, et perce d'une lance un dragon furieux, couvert d'écailles verdâtres, avec des ailes rouges. Le monstre se roule sous les jambes du cheval, qu'il entortille fortement de sa queue. Vis-à-vis du cheval est une femme [sainte Marguerite] à genoux, de très petite taille, coëfée à l'antique, vêtue d'une robe verte, levant le bras gauche et paroissant implorer le secours du cavalier.

« Le saint Georges semble sortir de la porte d'une ville, cette porte perce un rempart crénelé ; elle est flanquée, à droite, d'une tour ronde aussi à créneaux. L'on voit une seconde enceinte au-delà de la première, dans laquelle le peintre a représenté des bâtiments très élevés, soutenus par des arceaux portés sur des piliers [arcs-boutants]. Sous un de ces arceaux se trouve un homme qui regarde attentivement l'exploit de saint Georges ; plus bas, nom-

---

(1) T. V de ses Œuvres manuscrites : Bibl. d'Avignon, ms. 2348, fol. 232 et suiv. — Voir la copie de Chambaud, ms. 2502, fol. 228 et 231 *bis* v°.

bre d'autres figures, dont le corps est caché par le mur
de devant, paroissent de même prendre le plus grand
intérêt à la défaite du dragon. Sous ce tableau, dans un
panneau peint exactement au milieu de la bordure, on lit
les quatre vers suivants.... :

> Miles in arma ferox, bello captare triumphum
> Et solitus vastas pilo transfigere fauces
> Serpentis tetrum spirantis pectore fumum,
> Occultas extingue faces in bella, Georgi.

« On lit [ces vers] sur le tableau ; ils y sont placés de
deux à deux, de manière que les quatre ne forment que
deux lignes... Le bleu précieux, qu'on appelle d'outre-
mer, sert de fond à toutes les figures des tableaux (1). »

Or, selon une tradition qui avait cours dès le XV⁰
siècle (2), la sainte Marguerite était le portrait de Laure,
comme le saint Georges aurait été celui de Pétrarque,
mais cette deuxième identification était beaucoup moins
acceptée. Comme tels, ces deux personnages étaient,
avant la Révolution, l'objet de la vénération universelle.
Mais, hélas ! les peintures de Simone Martini qui, aujour-
d'hui, exciteraient notre enthousiasme admiratif, n'ont
pu résister au temps. Si les tableaux au-dessus de la porte
d'entrée de la métropole ont jusqu'à maintenant subsisté

(1) Voici une liste de quelques auteurs qui ont encore parlé des peintures
du porche de la métropole et en ont donné la description : Valladier, *La-
byrinthe royal de l'Hercule gaulois* (1600), p. 211 ; Henri Suarez, *Avenio
christiana* (Bibl. nat., lat. 8971), fol. 125 v° ; abbé de Véras, *Recueil d'épi-
taphes et inscriptions d'Avignon* (Bibl. d'Avignon, ms. 1738), fol. 23 v° ; abbé
Arnavon, *Pétrarque à Vaucluse* (an XIII), p. xx ; Fransoy, *Fragment historique sur l'église métropolitaine d'Avignon*, 1819, p. 17 ; Mérimée, *Notes d'un
voyage dans le midi de la France*, p. 138 ; Rastoul, *Tableau d'Avignon* (1836),
p. 167 ; P. Achard, *Notes historiques sur les peintres et sculpteurs du département de Vaucluse* (dans l'*Annuaire de Vaucluse* de 1865), p. 251 ; le même,
Peintures de la métropole d'Avignon (Bibl. d'Avignon, ms. 1564), fol. 87 et
95 ; Eug. Müntz, *Les peintures de Simone Martini à Avignon* (tirage à part
du t. 45 des *Mémoires de la Société des Antiquaires de France*, 1885), p. 20 ;
le même, *Pétrarque et Simone Martini (Memmi), à propos du Virgile de
l'Ambroisienne*, dans la *Gazette archéologique*, t. XII (1887), p. 104, etc.

(2) *Notizia d'opere di disegno*, éd. Morelli (Bologne, 1884), p. 50. Cf. E.
Müntz, *Les peintures de Simone Martini*, p. 25 ; Pierre de Nolhac, *Un nouveau
portrait de Pétrarque*, dans la *Gazette des Beaux-Arts*, 1890, t. I, p. 163.

par débris, celui qui représentait le miracle de saint André Corsini avait déjà disparu au XVIIᵉ siècle (1), peut-être même au XVᵉ avait-il commencé à être mutilé (2) ; quant à celui du saint Georges, il existait encore par fragments à la fin du premier Empire, mais les vandales de 1829 le détruisirent complètement (3).

Je me défie cependant beaucoup de l'exactitude de la tradition, en ce qui concerne l'identification de la sainte Marguerite avec Laure : elle ne repose peut-être que sur la fausse interprétation des deux sonnets, par lesquels Pétrarque témoigna de son admiration et de sa reconnaissance pour le peintre qui avait reproduit les traits de son aimée (4). Comme Simone Martini fut effectivement l'auteur des fresques du porche de la métropole, la confusion dut s'établir facilement.

On a cru reconnaître également la Laure de Pétrarque dans une figure de femme aux cheveux blonds flottants, qui fait partie de la procession peinte au Palais des papes d'Avignon, en la chapelle Saint-Jean, dans l'embrasure de la fenêtre donnant à l'est, sur la cour du gymnase. Là encore rien ne prouve qu'on soit dans la vérité (5). Et, du reste, n'a-t-on pas voulu, plusieurs fois aussi, retrouver les traits de la même héroïne dans plusieurs figures du XIVᵉ siècle, à Florence, Sienne ou ailleurs ? Et toujours un examen plus attentif ou plus impartial a démontré l'erreur (6).

Mais c'est que les Avignonais, surtout depuis le début du XVIᵉ siècle, eurent un vrai culte pour celle de leurs

(1) Fantoni-Castrucci, *Istoria della città di Avignone*, t. II, p. 402.

(2) En effet, l'écusson des Cadard fut placé au milieu de cette paroi au xvᵉ siècle.

(3) Rastoul, *op. cit.*, p. 167, dit qu'un certain M. J. Cousin avait relevé le dessin de la sainte Marguerite et du saint Georges, mais on ignore ce qu'il est devenu. Cf. E. Müntz, *Pétrarque et Simone Martini*, p. 106.

(4) Ils sont reproduits en tête du mémoire d'Eug. Müntz, *Pétrarque et Simone Martini*, p. 99. Cf. Pierre de Nolhac, article cité ci-dessus. — L'abbé de Sade les avait aussi publiés et traduits (t. I, p. 399 et 400).

(5) Eug. Müntz, *Pétrarque et Simone Martini*, p. 107.

(6) Voir E. Müntz, *L'Iconographie de la Laure de Pétrarque*, dans le *Bulletin italien* (Annales de la Faculté des lettres de Bordeaux), t. I, p. 88 et 89.

compatriotes dont la beauté mérita les suffrages d'un tel poète ; par malheur, ils ne sont pas arrivés à se mettre d'accord sur sa personnalité elle-même. Dieu sait pourtant le nombre inimaginable d'auteurs qui ont essayé de déchirer les voiles dont Pétrarque a enveloppé celle qui charma ses yeux et enflamma son cœur (1). Il semble même qu'un esprit malin s'abatte sur ceux qui s'acharnent à la connaître : sérieux partout ailleurs, et doués d'un certain sens critique, sur cette question ils deviennent d'une incohérence rare et débitent, sans sourciller, les plus grosses énormités. Je n'entreprendrai pas à mon tour de m'aventurer sur un terrain aussi dangereux : la solution du problème importe, du reste, peu à mon sujet.

L'opinion la plus commune et la plus généralement admise, surtout depuis les volumineuses études de l'abbé de Sade, est que la Laure de Pétrarque s'appelait de son vrai nom Laure de Noves (2). Fille du chevalier Audibert et d'Ermessende de Réal, cette jeune femme contracta mariage (3), en l'église de Noves, le 16 juin 1325, avec Hugues de Sade, riche bourgeois avignonais, dont les parents avaient amassé une grosse fortune dans la fabrication de la toile (4). Elle vint résider en Avignon avec son mari, dans la grande maison que celui-ci partageait avec son père, Paul de Sade, et deux ou trois de ses frères (5). Elle mourut le 6 avril 1348, prétend-on, assez justement semble-t-il, s'il faut en croire une note portée par Pétrar-

---

(1) La personnalité de Laure n'aurait été connue que d'un petit nombre d'amis du poète, d'après Adolfo Bartoli *(Storia della letteratura italiana,* t. VII : *Francesco Petrarca,* p. 187) et E. Müntz, *L'Iconographie de la Laure de Pétrarque,* p. 86.

(2) Voir surtout les récentes études de M. Gustave Bayle, *Études sur Laure,* dans le *Bulletin historique et archéologique de Vaucluse,* t. II (1880), p. 139 et 445 ; t. III (1881), p. 283 et 309 ; t. IV (1882), p. 23, 301 et 511. Cet ouvrage de M. Bayle est resté inachevé ; il se complète par d'autres articles, dont la plupart sont déjà ou seront cités ici.

(3) Cf. abbé de Sade, t. III, pièces justif., n° VI, p. 22.

(4) G. Bayle, *L'Hôtel de Sade,* dans le *Bulletin historique et archéologique de Vaucluse,* t. I (1879), p. 396 et suiv.

(5) Voir le testament de Paul de Sade, du 19 mai 1345 : Abbé de Sade, t. III, pièces justif., n° XXIII, p. 56 ; G. Bayle, *L'Hôtel de Sade,* p. 401.

que sur son Virgile (1), juste vingt-et-un ans, jour par
jour, heure par heure, après la première rencontre qu'elle
aurait eue avec le poète en l'église Sainte-Claire. On
suppose qu'elle avait été atteinte de la terrible peste qui
ravageait alors la Provence. Elle avait fait, trois jours
auparavant, un testament où elle nommait ses trois filles
et ses six fils, et elle fut ensevelie dans l'église des Cordeliers d'Avignon, ainsi qu'elle l'avait demandé (2).

Telles sont les seules informations certaines qui la
concernent. Mais les partisans de son identification avec
la Laure chantée par le *canzoniere* ont montré la maison
qu'elle habita à Noves avant son mariage, bien qu'ils la
disent née en Avignon (3); celle où elle fit sa résidence
avec Hugues de Sade, enfin le tombeau où son corps fut
déposé.

Sa maison à Noves (4) existerait encore « dans le quartier du Bourian, à l'entrée de la grand'rue, à gauche,
près la porte d'Agel, en face de la chapelle des Péni-
tents, qui était l'ancienne paroisse » du village. « Elle
avait autrefois une porte gothique et de grandes fenêtres à

(1) L. Ménard, *Mémoire sur l'origine de Laure célébrée par Pétrarque*, dans
le t. XXX des *Mémoires de l'Académie des inscriptions et belles-lettres* (1764),
p. 763, note ; abbé de Sade, t. III, pièces justif., n° VIII, p. 31 ; G. Bayle,
Études sur Laure, *loc. cit.*, 1882, p. 42.— Pour le texte de la note autographe
de Pétrarque, voir surtout P. de Nolhac, *Pétrarque et l'Humanisme*, p. 407
et 408.

(2) Abbé de Sade, t. III, pièces justif., n° XXVI, p. 83.

(3) Ils s'appuient sur ce vers du sonnet trouvé dans le tombeau de Laure,
dont nous aurons à parler tout à l'heure :

　　　　　« Felice pianta in borgo d'Avignone
　　　　　　Nacque e mori... »

Remarquons tout d'abord que l'expression : *in borgo d'Avignone* ne signi-
fie rien, bien qu'on ait tenté de l'expliquer (Cf. Bayle, *Études sur Laure*, 1882,
p. 45 et suiv.). On l'a certainement employée pour faire concorder l'hypothèse de la naissance de Laure en Avignon avec ces vers de Pétrarque :

　　　　　« Ed or di picciol borgo un sol n'ha dato
　　　　　　Tal che natura e'l luogo si ringrazia
　　　　　　Onde si bella donna al mundo nacque. »

(Cf. Baron de la Bâtie, *Vie de Pétrarque*, dans le t. XV des *Mémoires de
l'Académie des inscriptions et belles-lettres*, p. 765, note *b* ; abbé de Sade, t I,
notes, p. 37.)

(4) Petit village du département des Bouches-du-Rhône, à une douzaine
de kilomètres d'Avignon. Il faisait, avant 1789, partie du diocèse d'Avignon.

meneaux de pierre. Une de ces fenêtres a été conservée, elle regarde le sud-ouest ; une corniche, aux consoles de laquelle sont sculptées des anges, la surmonte (1). » Construite très réellement au XIV⁰ siècle, elle est attribuée aux parents de Laure, parce que « pendant des siècles » elle a appartenu à une famille Audibert. Or, les Audibert ne peuvent descendre que du chevalier Audibert de Noves! N'insistons pas.

En Avignon, la rue Dorée possède un vaste hôtel, aujourd'hui restauré (de quelle façon, grand Dieu !) et approprié à des œuvres scolaires, qui porte le nom d'hôtel de Sade. Il est certain que la famille de Sade l'a habité (2) ; mais faut-il croire que Laure y ait logé? Faut-il reconnaître dans une des baies du nord, maintenant aveuglées, la fenêtre où Pétrarque voyait apparaître le gracieux visage de celle qu'il aimait ?

> « Quella fenestra ove l'un sol si vede
> Quando a lui piace, et l'altro in su la nona ;
> E quella dove l'aere freddo suona
> Ne'brevi giorni, quando borea i'l fiede (3). »

On l'a dit (4) et on a tâché de le prouver à grands renforts de textes. Hélas! que de dépense d'érudition en pure perte ! L'architecture de cet ancien hôtel, digne à tous égards de l'attention des archéologues et des artistes, ne permet pas de faire remonter sa construction avant l'extrême fin du XIV⁰ siècle, et encore! c'est-à-dire cinquante au moins après la mort de Laure de Noves.

D'autres historiens des XVI⁰, XVII⁰ et XVIII⁰ siècles (5) ont signalé ce qu'ils appelaient la vraie maison d'Hugues de Sade et de sa femme, près du couvent des Cordeliers,

<hr>

(1) G. Bayle, *Études sur Laure*, 1882, p 529.

(2) G. Bayle, *L'Hôtel de Sade*, *loc. cit.*, p. 403 et suiv.

(3) Sonnet 79.

(4) Voir dans G. Bayle, *L'Hôtel de Sade*, p. 401, la localisation du logement qui aurait été réservé à Laure de Noves et à son mari dans la maison de Paul de Sade.

(5) Lettre de Jean de Tournes à Maurice de Scève (Abbé de Sade, t. III, pièces justif., n⁰ X, p. 40) ; Suarez, *Avenio politica*, cité par le même abbé de Sade, t. II, p. 486 ; l'abbé de Sade lui-même, t. I, notes, p. 20.

dans la rue sortant des anciens remparts de la ville par
le Portail-Peint. De structure grossière, bâtie en pierres
jaunies par le temps, elle touchait l'auberge dite du
Cheval-Blanc. Il semble pourtant que cette « petite »
maison réponde peu à l'idée que nous avons de l'opu-
lence de la famille de Sade à cette époque. D'ailleurs, la
tradition ne s'appuie ici sur aucun semblant de preuve.

Serons-nous plus heureux avec le tombeau que, depuis
1533 jusqu'à la Révolution, on montra dans l'église des
Cordeliers, comme étant celui de l'inspiratrice de Pétrarque? Je le souhaiterais vivement, mais je dois avouer,
tout d'abord, qu'il resta ignoré pendant près de deux
siècles. Quand, sur la fin du règne de Louis XII, Velutello
vint à Avignon et dans le Comtat pour rechercher les
souvenirs de Laure, personne ne put le lui montrer (1). La
découverte en fut due au gentilhomme florentin Jérôme
Manelli, au grand-vicaire Bontemps et à l'humaniste
Maurice de Scève, qui avaient entrepris, eux aussi, de
retrouver la belle Laure (2). La note autographe de
Pétrarque sur la mort de son aimée leur avait appris que
celle-ci était enterrée chez les Cordeliers d'Avignon. Ils se
présentèrent donc dans ce couvent, demandèrent des
renseignements qu'on ne put leur donner et se rendi-
rent enfin dans l'église, dont la seconde chapelle, à droite
en entrant, consacrée à la Sainte-Croix, montrait à sa clef
de voûte les anciennes armoiries de la maison de Sade,
et sur ses parois l'épitaphe d'Hugues de Sade (3), son

---

(1) « Sannazar (Sonn. 46, part. II, éd. Padoue, 1723), qui passa plusieurs
années en France, du temps de Louis XII, dit dans un de ses sonnets,
composés après l'an 1505, que Laure avait passé sa vie cachée dans un petit
endroit et que son corps était renfermé dans une tombe obscure. Sannazar
n'aurait pas parlé de la sorte si, dès ce temps-là, ce tombeau avait été
connu et fréquenté par les curieux. ». Baron de la Bâtie, *op. cit.*, p. 420.

(2) Toutes les circonstances de cette découverte sont connues par la lettre
de Jean de Tournes citée ci-dessus. Cette lettre a été commentée par l'abbé
de Sade, surtout dans la note IV du t. I, p. 13, et par Bayle, *Études sur
Laure*, 1882, p. 23. — Voir la thèse contraire (il est dommage qu'elle soit
mêlée d'erreurs), du baron de la Bastie, *op. cit.*, p. 416, reproduite en extrait
par l'abbé de Sade, t. III, pièces justif., n° XIII, p. 43.

(3) Cette épitaphe est donnée par l'abbé de Véras, ms. 1738, fol. 112, et par

fondateur (1). Ils trouvèrent sur le sol une grande pierre sans inscription, « où il y avait deux écussons d'armoiries effacés par le temps et une rose sur la tête de ces écussons ». Sur l'un d'eux ils reconnurent pourtant deux branches de laurier (allusion évidente à Laure) en sautoir sous une croix alaisée (2). La pierre soulevée, ô prodige ! à côté de petits ossements mélangés à de la terre, on ramassa une médaille de bronze et une petite boîte de plomb fermée avec un fil de fer. La médaille, sans revers, présentait l'image d'une femme faisant le geste d'écarter les vêtements qui couvrent sa poitrine et tenant un phylactère avec les capitales *romaines* M L M I (3). La boîte de plomb contenait sur parchemin, scellé de cire verte, le sonnet italien bien connu :

« Qui riposan quei caste et felice ossa (4)... »

signé des initiales de François Pétrarque. Les caractères un peu effacés en furent cependant déchiffrés : on lut que c'était bien là le tombeau de la Laure chantée par le poète :

« Di quella alma gentile e sola in terra. »

Du coup, Maurice de Scève donna l'explication de la médaille, et les lettres M L M I furent interprétées : *Madona Laura morta jace.*

L'artifice est sans nul doute assez grossier, mais personne ne songea à élever d'objection. Personne n'eut l'idée qu'on avait pu se tromper de chapelle et que la première femme d'Hugues de Sade était aussi bien ense-

l'abbé de Sade, t. I, notes, p. 12 ; t. III, pièces justif., n° XXV, p. 82. A remarquer qu'elle a été placée par les soins de Jean de Sade, fils d'Hugues, et qu'il y est fait mention d'une fondation de Verdaine Trente-Livres, seconde femme d'Hugues, qui testa le 9 janvier 1399.

(1) Voir son testament du 14 novembre 1364 : Abbé de Sade, t. III, pièces justif., n° XXIV, p. 71.

(2) Le dessin en a été donné par G. Bayle, *Études sur Laure*, 1882, planche en regard de la page 24.

(3) Elle est reproduite à la page 99 du *Petrarcha redivivus* de Tomasini (édition de 1650).

(4) Le texte en est publié par l'abbé de Sade, t. III, pièces justif., n° XI, p. 41 ; et avec commentaires et explications par G. Bayle, *Études sur Laure*, 1880, p. 452 ; 1882, p. 33.

velie ailleurs, dans la chapelle de Sainte-Anne, par
exemple, où moins de trois ans avant elle son beau-père
avait fixé sa sépulture (1). On reconnut cependant que
le sonnet était bien mauvais pour être de Pétrarque, et
le cardinal Bembo, à qui on le communiqua, déclara
qu'il était fort au-dessous des vers merveilleux et presque
divins du poète (2); on pensa plus tard qu'il était bien
extraordinaire que le *canzoniere* eût fait enfermer médaille
et sonnet dans le tombeau de la femme d'Hugues de
Sade. On eut beau savoir que Pétrarque était en Italie
le 6 avril 1348, que Laure, si elle fut atteinte de la peste,
mourut dans un isolement salutaire (3) et qu'elle fut'
enterrée de suite chez les Cordeliers. Mais on a prétendu
tout concilier : la médaille, dit un des plus récents historiens de Laure, mais c'est une espèce d'image du Sacré-
Cœur, que l'on portait sur soi pour se préserver du
malheur et éloigner les dangers de la contagion, et les
lettres M L M I sont tout simplement les initiales du nom
des évangélistes, *Mathaeus, Lucas, Marcus, Iohannes* (4).
Le sonnet, mais c'est un ami fidèle de Pétrarque, resté
en Avignon, qui eut l'ingénieuse idée de le composer en
son nom et qui eut l'adresse, dans la confusion du moment, de l'enfermer dans le cercueil de la défunte pour

(1) Testament de Paul de Sade, du 19 mai 1345 (Abbé de Sade, t. III,
pièces justif., n° XXIII, p. 56). — La chapelle de Sainte-Anne, qui se trouvait juste après celle de Sainte-Croix, avait été construite aux frais de Paul
de Sade, qui légua 50 florins pour son ornementation. La chapelle de
Sainte-Croix fut au contraire édifiée par les soins d'Huges de Sade, mari
de Laure (voir son testament), mais d'après l'épitaphe du même, rapprochée des termes des testaments de Paul, d'Hugues et de Laure, il semble
que ce fut postérieurement à la mort de celle-ci, pour recevoir la sépulture
d'Hugues et de sa seconde femme. Par conséquent, il me paraît plus vrai-
semblable d'admettre que Laure de Noves fut ensevelie dans la chapelle
de Sainte-Anne.

(2) Lettre du 25 août 1533, citée par l'abbé de Sade, t. I, notes, p. 24 ;
G. Bayle, *Études sur Laure,* 1880, p. 453. — Cf. la lettre de Joseph-Marié
Suarez (1er février 1647), publiée par Tomasini, p. 102-105.

(3) Le récit que, dans son *Traité de la mort,* Pétrarque fait des derniers
moments de Laure, assistée « de compagnes et amies répandues autour de
sa personne et versant des torrents de larmes », ne serait qu'une amplifi-
cation poétique s'appliquant à une pestiférée. (Cf. G. Bayle, 1882, p. 318.)

(4) G. Bayle, 1882, p. 30 à 32.

l'édification de la postérité (1). Ne disais-je pas tout à l'heure que les chercheurs passionnés de l'identité de Laure en arrivaient à perdre le sens critique (2) ?

Les gens du XVI⁰ siècle ne raisonnèrent pas tant que nous. Pour eux, le tombeau de la célèbre Laure était retrouvé, et cette découverte fit grand bruit. François I⁰ʳ, passant par Avignon au mois de septembre 1533, y vint en cortège magnifique, se fit aussi ouvrir le caveau, lut le fameux sonnet (3) et composa ces quatrains qui sont dans la mémoire de tous :

> « En petit lieu comprins vous pouvez veoir
> Ce qui comprent beaucoup par renommée.
> Plume, labeur, la langue et le sçavoir
> Furent vaincus par l'aymant et l'aymée.
>
> « O gentille âme ! estant tant estimée,
> Qui te pourra louer qu'en se taisant,
> Car la parole est tousjours reprimée
> Quand le subjet surmonte le disant. »

On dit même que le roi de France promit de donner mille écus d'or pour élever à la Laure de Pétrarque un tombeau digne d'elle, et qu'il chargea l'architecte Nicolas de Pérouse d'y donner ses soins. Paradin y devait aussi faire graver l'épitaphe : *Victrix, casta, fides* (4). Mais, s'il fit réellement cette promesse, il dut l'oublier (5), car rien ne fut changé dans la chapelle de la Croix. Cela n'empêcha pas Clément Marot de célébrer la « tombe somptueuse », dont Laure aurait été honorée par Fran-

(1) Bayle, *Études sur Laure*, 1882, p. 32 à 41, 301 à 320.

(2) Observer que le culte au Sacré-Cœur ne s'est répandu qu'au xix⁰ siècle.

(3) Cf. la préface à l'édition des *Rimes* de Pétrarque par Roville, à Lyon, en 1574, rapportée par l'abbé de Sade, t. III, pièces justif., n⁰ XII, p. 42. — Voir aussi Ménard, *op. cit.*, p. 772 ; A. Rastoul, *Chroniques de Vaucluse. Le tombeau de Laure* (dans le t. I⁰ʳ de la *France provinciale*, p. 116 et suiv.), etc. L'abbé de Véras (ms. 1738, fol. 111), fait même à François I⁰ʳ l'honneur de la découverte du tombeau.

(4) Lettre de Marie-Joseph Suarez (1⁰ʳ février 1647), déjà citée. Cf. abbé de Sade, t. I, notes, p. 23.

(5) Rastoul, *op. cit.*, p. 127, dit sans preuve aucune, que les Cordeliers empochèrent les mille écus.

çois Ier ; Mellin de Saint-Gelais, de composer des vers
« sur le sépulcre de Madame Laure refaict par le Roy » ;
le chancelier Michel de l'Hôpital et bien d'autres, de
complimenter le roi-chevalier de son acte de générosité (1).

Dès lors, les pèlerins affluèrent et les Cordeliers montrèrent avec profit, dans leur sacristie, la médaille et le sonnet jusqu'au jour (vers 1730) où un Anglais enleva la première à prix d'or, et où le second fut livré à la famille de Sade (2).

Lorsque la Révolution eut chassé les derniers religieux, le couvent fut vendu comme bien national et l'église vouée à la destruction. Le 2 brumaire an XI, Joseph Guérin annonça avec désolation à ses collègues de l'Athénée de Vaucluse, que l'on s'occupait de démolir « la superbe voûte des Cordeliers, ce chef-d'œuvre d'architecture du XIVe siècle », que les « cendres précieuses » de Laure n'existaient plus, que la pierre tombale « à deux écussons, couronnés d'une rose, emblème trop frappant de la beauté fugitive », avait disparu, enfin, que les derniers vestiges de la célèbre sépulture étaient impossibles à retrouver (3). Un autre Anglais, Charles Kelsall, passant par Avignon en 1823, s'indigna même de voir que rien n'en signalait l'emplacement ; il prit l'initiative d'ériger, au milieu de cyprès, de lilas et de rameaux de vigne, le petit monument, qui depuis a été transféré dans le jardin du Musée Calvet (4), et sur lequel il grava son nom avec le dernier quatrain de François Ier. Les dévôts de Laure reprirent leurs pèlerinages et allèrent de nouveau rêver :

(1) Ménard, *op. cit.*, p. 774 ; abbé de Sade, t. I, notes, p. 23 à 25.

(2) Abbé de Sade, t. I, notes, p. 23 et 25. — A. Rastoul a fait un récit dramatique (*op. cit.*, p. 128) de la trahison du sacristain Bassi, qui aurait vendu, dit cet auteur, la boîte de plomb, le sonnet de Pétrarque, la médaille et les vers de François Ier. Or, l'abbé de Sade a déclaré avoir le sonnet en sa possession.

(3) J. Guérin, *Le tombeau de Laure, fragment d'un ouvrage inédit sur les tombeaux d'Avignon* (Avignon, A. Bérenguier, an XII, in-8°).

(4) A. Rastoul, *op. cit.*, p. 181.

> « Dans la sainte Avignon, à l'ombre d'une tour,
> Parmi les murs croulés d'un cloître solitaire, »

ainsi que s'exprima l'auteur des *Iambes*.

Les commentateurs de Pétrarque et les historiens sont loin d'avoir tous adopté la légende de Laure de Noves. Les uns ont fait de l'aimée du poète une fille non mariée de Paul de Sade, ou la fille d'un hypothétique seigneur de Cabrières. Certains l'ont rattachée à la puissante famille des Baux ; d'autres l'ont fait vivre et mourir à Graveson, à l'Isle, à Saumane, à Galas, au Thor, à Caumont (1), que sais-je encore ? Tous ont retrouvé, ou du moins cherché sa maison et sa tombe.

Ne les blâmons pas trop et ne nous montrons pas impitoyables pour les pieuses supercheries et les touchantes imaginations de nos devanciers. Ils ont agi sous l'empire d'un sentiment des plus louables : ils ont voulu que les monuments du passé servissent de commentaire à l'œuvre du poète qu'ils chérissaient ; ils ont voulu transformer en réalités tangibles ce qui n'était peut-être que fictions littéraires ; ils ont surtout voulu entourer de leurs hommages et de leur vénération la mémoire de Laure et du chantre sublime qu'elle inspira. Je le répète, ne les considérons pas avec dédain, arrivons même à souhaiter que leurs hypothèses se multiplient et que, par ainsi, ils multiplient les souvenirs d'autrefois. Admirons aussi le génie de Pétrarque et la force de son verbe ; il a suffi que, dans sa jeunesse, il ait été enthousiasmé par la beauté d'une femme restée inconnue et qu'il ait épanché

(1) M. G. Bayle, *Études sur Laure,* a passé en revue et discuté les diverses opinions. Il est inutile de dire que lui-même tient à Laure de Noves, avec une force de conviction qui n'a pas toujours été servie par le raisonnement ou les documents. — M. Fr. Wulff, *op. cit.,* p. 11 et suiv., suivant en cela l'opinion de Mascetta Caracci, place la maison de Laure à Galas. Tout récemment, l'hypothèse de Caumont a repris une certaine faveur, et M. Edmond-James Mills, dans son livre *The Secret of Petrarch* (London, T. Fisher Unwin, 1904) s'y est fortement attaché. Voir encore Nino Quarta, *Su la recente scoperta del luogo di nascità di Laura,* dans ses *Studi sul testo delle Rime del Petrarca* (Napoli, Muca, 1902), p. 130.

ses sentiments dans des vers retenus par la postérité,
pour que le nom de cette femme et le sien, par surcroît,
s'inscrivent au fronton des monuments les plus divers et
pour que les pierres mêmes se lèvent, proclamant sa
gloire et la puissance de la poésie.

RAPPORT

SUR LES CONCOURS HISTORIQUE ET POÉTIQUE
DE L'ACADÉMIE DE VAUCLUSE

PAR M. ALEXIS MOUZIN
Ancien Président de l'Académie,

I.

Mesdames, Messieurs,

Après ses emportements contre Avignon, — *avara Babilonia, malvagia, nido di tradimenti,* que sais-je encore ? — Pétrarque est glorifié de siècle en siècle, et plutôt deux fois qu'une, par les Avignonais. Il faut vraiment que Pétrarque ait été un bien grand poète !

Il est vrai de dire aussi qu'une vive affinité nous attire vers la nation-sœur. Et nous recherchons les occasions de lui faire fête, surtout quand elle est représentée au milieu de nous par un de ses maîtres écrivains. Le haut mérite du comte Emilio Pinchia étant de ceux qui peuvent affronter les risques d'une traduction, je me sens autorisé à lire celle que j'ai eu l'audace de faire en provençal, du sonnet dont il a honoré hier nos Jeux Floraux de Vaucluse :

L'amo de Petrarco, en mountant au cèu,
Vèn devers la Font de Vau-Cluso, e plano ;
Vèi, sus lou neblun que chanjo au soulèu,
Li calignarié dis ouro lountano.

E la vesioun amado e soubeirano
Alor parèis dins lou founs clarinèu
Dou fre cristau de l'aigo, e l'oumbro vano
Fai referni l'ancian amour tant-lèu.

Mai pièi, amount coume soun envòu boundo,
Amount veici que soun anjouno bloundo
Sourgis subran d'uno aubènco clarta.

Elo, qu'un pau vermeiejo sa caro,
Se torno e tèn soun regard arresta
Sus èu, e dis : « T'en souvènes encaro ? »

Les peuples, malgré la diversité du génie de Pétrarque, ne se sont souvenus que de ses vers d'amour. Et la légende s'est formée. Vainement répéterions-nous le sonnet célèbre de Carducci, cherchant l'oubli des fureurs politiques dans la lecture des *canzoni* et y trouvant, au contraire, une excitation nouvelle à combattre pour la patrie italienne ;... la légende subsisterait quand même.

Sans doute l'âme latine de Pétrarque ne s'étonne guère des lois du Destin. Quelle œuvre humaine n'ont-elles pas éprouvée ?

Il y avait autrefois, sur l'aride colline de Villeneuve-lez-Avignon, un chartreux qui passa toute sa vie à creuser dans le rocher, à coups de ciseau, une cavité dont il souhaitait faire sa tombe. Mais avant qu'elle fût assez large, assez profonde, il mourut ; il fut enterré dans le petit vallon planté de pins et de cyprès où reposaient les autres moines défunts. Et la cavité qui devait être sa tombe est devenue un réservoir où s'arrêtent les eaux du ciel et où j'ai vu boire des colombes.

Ainsi son labeur n'aura pas été perdu, ni son souvenir.

Ainsi, de ton œuvre, messer Francesco Petrarca : Le fougueux patriote d'Italie restera malgré tout le tendre soupirant de Vaucluse.

Cependant chaque jour met l'histoire en meilleure lumière ; et le concours même dont j'ai mission de rendre compte va faire mieux connaître un ensemble de documents aussi intéressants que peu répandus. C'est la correspondance complète de *Pétrarque* et de *Philippe de Cabassole*, traduite pour la première fois d'après l'édition latine de Bâle. Ce travail seul justifierait les suffrages du jury. Mais il n'est que la base d'un mémoire bien construit, bien ordonné, quoiqu'un peu hâtivement édifié, où revivent le poète et son ami l'évêque de Cavaillon, évoqués avec sympathie, appréciés avec justice. Un premier prix, couronne de vermeil, a été décerné à l'auteur, M. l'abbé Raymond, d'Avignon.

Parmi les autres études historiques présentées à notre Académie, il en est une encore qui a été favorablement remarquée. Sujet : *Pétrarque et les Colonna*. Beaucoup de renseignements glanés avec soin dans les bibliothèques s'y trouvent développés en une forme correcte. Peut-être désirerait-on une méthode plus serrée. Et puis, — s'il faut tout dire, — après nous avoir mis en goût, notre concurrent se dérobe au moment difficile. On sait que lors de la conspiration de Rienzi, une question de vie ou de mort s'éleva entre Pétrarque et les Colonna, en raison de la terrible divergence de leurs idées politiques. Le point était, j'en conviens, des plus délicats à traiter. La prudente main de l'auteur n'y a pas touché. Notre jury a pensé qu'elle s'abstenait ainsi de prétendre à un prix plus élevé que la médaille d'argent. Mais nous sommes sûrs que l'ouvrage sera parachevé, puisqu'il est de M. Jacques Delmas, professeur honoraire à Marseille, un écrivain maintes fois cité honorablement pour ses excellents travaux sur la Provence et le Comtat.

J'aurais encore à mentionner quelques feuillets fantaisistes dont le thème n'avait pas été mis au concours : « *Laure a-t-elle existé ?* » se demande quelqu'un qui doit nous rester inconnu, n'étant pas au nombre de nos lauréats. Lettré, spirituel, il écrit agréablement ; il nie la réalité de Laure avec plus de verve que de logique. Si elle n'était qu'une fiction, pourquoi nous déclare-t-il que Pétrarque personnifia en elle une doctrine ? pourquoi la compare-t-il, l'assimile-t-il à Marie de Brizeux, à Elvire de Lamartine ? A ses yeux, être idéalisé, ce serait donc ne pas être ? Si j'en avais le loisir, je soutiendrais la thèse opposée : Les héroïnes ou héros de pure imagination, sans cesse renaissants, — depuis Ophélie jusqu'à Marguerite, doña Sol et Mireille, depuis Othello et don Quichotte jusqu'à Alceste et Jocelyn, — sont vivants, bien plus vivants, en vérité, que telles personnes indifférentes, tels quidams de rencontre, qui mangent, boivent, parlent peut-être, mais n'existent pas.

II.

Nos concurrents aux prix de Poésie témoignent tous d'une croyance absolue en dame Laure.

Le programme prévoyait deux séries distinctes, l'une française, l'autre provençale. Dès le premier examen, nous en avons ouvert une mixte afin de placer à part l'auteur de plusieurs pièces écrites dans les deux langues avec un égal talent, avec un sens parfait du génie de chacune d'elles.

Soit qu'il décrivît Vaucluse aux rochers calcinés par le flamboiement des étés,

> « Soun castellas rouina qu'eilamount d'aut va bèure
> Lei rebat dóu soulèu sus lei niéu barrulant ; »

ou bien la Sorgue, dont la fraîcheur d'émeraude

> « Reflète les grands monts et l'église pieuse,
> La grâce de la terre et la clarté des cieux ; »

soit qu'il chantât *les Yeux de Laure,* dans des stances butinées çà et là parmi les vers des *canzoni* et délicatement traduites :

> « Lève ta blanche main, lève les légers voiles
> Qui voudraient dérober ton doux regard au mien.
> Tes yeux sont les rayons, tes yeux sont les étoiles
> Qui me parlent d'Amour et m'inspirent le Bien ; »

soit enfin qu'il s'abandonnât à une inspiration plus libre, mais toujours pétrarquéenne, avec un mysticisme gracieux :

> « Sàbi que pèr avé la gràci d'un sourire,
> Pèr merita, ma Lauro, un regard linde e viéu,
> Jamai dèvi pensa, jamai dèvi te dire
> Ço que farié ploura lis ange dóu Bon Diéu ; »

dans toutes ses pièces, d'une facture habile, cet auteur bilingue s'annonçait visiblement à nous comme un lauréat exceptionnel. Aussi n'avons-nous pas été surpris quand son nom nous a été dévoilé ; c'est celui d'une jeune poétesse, Mlle Houchart, d'Aix-en-Provence, déjà consacrée par de hauts suffrages. Notre Académie, en lui décernant son rameau de vermeil et l'estampe offerte par M. le Ministre des Beaux-Arts, les lui donne comme prémices de plus importants succès.

III.

En tête des concurrents qui se sont tenus dans les limites du programme provençal, se place M. François Favier, d'Avignon. Son poème, *Petrarco au Capitòli*, est d'une large composition, d'une belle couleur. A peine quelques légères imperfections de détail.

Pétrarque vient de quitter la cour de Robert de Naples ; il se dirige vers Rome,

> « S'enanavo inchaièn e pensavo... Autant lèu
> Qu'arribè dintre Roumo, un grand rai de soulèu
> L'enveloupè subran d'uno clarta saurino.
> Lis arpo s'unissien au son di mandoulino,
> Li cant resclantissien dins l'eterno ciéuta
> Dis art e de l'amour, cepoun de la Bèuta.
> Lou pople l'atendié, li femo lou belavon,
> Lis enfan lou voulien e li rèi l'esperavon.
> Li troumpeto d'argent quilèron vers lou cèu. »

Alors quinze jeunes patriciens, bruns adolescents, vont au-devant de lui et s'inclinent,

> « En cantant l'inne sant di glòri patrialo. »

Et la foule le conduit au Capitole, où Pétrarque lit un gracieux sonnet. On l'acclame. Le comte Orso le couronne. Mais le poète songe aux années d'amour et de jeunesse :

> « Aro qu'ai tout agu, tout, foro ma Laureto!... »

Il s'attendrit en un public regret. Il retourne où vivait celle qu'il pleure.

> « Pople rouman, salut ! — Ansin clauguè Petrarco.
> — A quauque tèms d'aqui, remountè dins sa barco,
> Fuguè Roumo e Parmo e li terro d'alin .
> E s'en revenguè dre vers lou cèu papalin. »

Ne perce-t-il pas à travers même ce bref résumé, une émotion franche, un attrait saisissant ? Le premier prix du concours provençal, rameau de vermeil et estampe du Ministère des Beaux-Arts, a été bien mérité par M. Favier.

C'est une pièce de M. Antonin Berthier, de Beaucaire, qui a obtenu le 2e prix, médaille de vermeil, — une ode comme les jurys académiques ne sont pas fâchés d'en rencontrer, car elles se défendent contre toute critique par une correction indiscutable, — une œuvre enfin de tout repos. J'aurais voulu y choisir quelque strophe supérieure aux strophes voisines, dût-elle être compensée par un ou plusieurs vers faibles. Non, tout est pareillement bon, tout présente la même heureuse limpidité. Il faut me borner à féliciter le félibre Berthier d'être impeccable.

Un autre Beaucairois, M. Chansroux, l'est presque autant. Il versifie avec une ardente facilité qui ressemble à de l'enthousiasme. Son sonnet a obtenu une médaille d'argent *ex æquo* avec une pièce plus ample où M. Reynaud, de Salon, s'est appliqué à suivre et à dépeindre la carrière de Pétrarque d'une manière didactique.

Une médaille de bronze a été attribuée à M. Martel, de Châteaurenard, qui eût mérité mieux pour le joli rythme de ses stances, n'étaient quelques expressions d'un provençal contestable. Serai-je indiscret si j'ajoute, d'après la conformité d'écriture et de talent, qu'une autre pièce du même félibre nous a touchés par sa conclusion prophétique :

> « ... Dins l'endeveni,
> Li pople acclamaran Aubanèu 'mé Zani ! »

Les disciples d'Aubanel en acceptent l'augure.

IV.

Sommes-nous moins blasés sur les beaux vers provençaux que sur d'autres. Je ne sais. Mais, en abordant le concours de poésie française, j'invoque, pour couvrir mes appréciations plus encore qu'auparavant, la multiple autorité d'un jury émané de trois Académies, et j'aurai moins de scrupule à déclarer que le 1ᵉʳ prix de ce concours n'a pas été décerné.

En revanche, les odes, sonnets, poèmes, dignes du second, étaient d'un nombre embarrassant. Deux pièces, bien différentes à tous égards, ont fini par obtenir *ex æquo* un rameau d'argent chacune.

Celle de M. François Martin, d'Avignon, aurait été classée hors de pair si elle n'offrait de l'imprécision et, par endroits, de l'étrangeté. D'une forme très moderne, en tercets, avec sonnets intercalés, elle indique un certain raffinement ; les vers ne manquent pas d'élégance :

> « Quel suave matin !... Dans la nef solitaire,
> A travers les vitraux colorés d'or, Avril
> Glissait une clarté de rêve et de mystère.
> Et j'entrai libre et fier, dans ce parfum subtil,
> Dans ce jour irréel où s'éveillait l'église,
> Comme un enfant naïf, ignorant du péril... »

C'est Pétrarque qui parle ainsi ; il évoque longuement le passé, les heures d'idéale tendresse auprès de Laure maintenant disparue ; puis, termine dans une belle plainte :

> « Vers la mort qui m'attend, je m'en vais à mon tour,
> Pleurant d'avoir perdu le meilleur de moi-même ! »

Si l'autre 2ᵉ prix a été gagné par l'*Ode à Vaucluse,* de M. le capitaine Converset, il faut en faire honneur à la grâce simple et harmonieuse de ses meilleures strophes, plus qu'à leur modernité.

Il procède de l'école lamartinienne ; par bonheur, elle n'est pas encore trop démodée, car une Académie, même majeure, a la coquetterie de se parer selon son temps, surtout en public.

Mais les vers de M. Converset ont, pour la plupart, le charme naturel, la douce fluidité, le murmure berceur de cette Sorgue qu'ils chantent. La fin de son Ode nous laisse sur une exquise pensée :

> « Et dans la paix du soir, nous entendons encore
> L'hymne ému de Pétrarque aux yeux divins de Laure
> Se mêler aux échos que la plainte des vents
> Réveille dans les murs de la vieille demeure ;
> Et pendant que le temps fuit sur les pas de l'heure,
> Ceux qui se sont aimés restent toujours vivants ! »

Je n'affirmerai pas que les vers de M. Joseph Amic, d'Avignon, soient sensiblement inférieurs à ceux des lauréats mieux avantagés. Toutefois, dans la partie de ses sonnets qui est traduite de Pétrarque, il n'est pas aussi heureux que dans celle où il suit sa propre inspiration. S'il vante les yeux de Laure, il s'empresse d'ajouter :

> « Nous avons, pour garder leur mémoire adorée,
> Les sonnets du poète... et d'autres yeux aussi ! »

A ce compliment, Mesdames, vous répondrez par un sourire ; la récompense, pour n'être point prévue au programme, n'en sera pas moins la meilleure.

Une blanche vision, la nuit, au bord de la Fontaine inspiratrice, en un vaporeux décor, tel est le poème de Mme Ardoin de Renaisan.

Une invocation à la pure Beauté, un dithyrambe à la Poésie plus pure encore, telle est l'ode de Mlle Marie-Thérèse Isnard, d'Avignon.

Ce sont d'aimables ouvrages d'un abondant lyrisme et d'un art féminin.

Après ces compositions classées pour la médaille d'argent, MM. Martin, de Paris, clôturent un peu plus modestement la liste de nos lauréats.

Nous avons regretté qu'une pièce d'un réel mérite, *L'Ombre du Poète,* nous fût parvenue trop tardivement : d'une inspiration élevée, elle abonde en vers vibrants et hardis.

Consolerai-je à présent nos concurrents malheureux en découvrant jusque dans leurs plus faibles œuvres quelques bons passages ? Ces mentions prolongeraient peut-être exagérément mon rapport-palmarès. Tous les genres y seraient représentés, même la chanson galante, même la satire qui s'indigne des profanations subies par Vaucluse et proclame la sainte horreur de l'esprit mercantile. Ah ! oui, certes, la commission protectrice des glorieux paysages de France aurait là une occasion de se montrer. Nous fîmes nous-mêmes, s'il m'en souvient, une tentative sans succès. On ne saurait contraindre tout le monde à se repaître de contemplation. Pour combien de gens l'œuvre de Pétrarque se synthétise-t-elle dans le souvenir d'un banquet ou d'une cavalcade ?

Ceux-là qui bornent leur vue à leur époque, ceux-là qui jugent songeries vaines les études des Académies sur les hommes et choses d'autrefois, croient-ils mieux comprendre la vie ? Ne la font-ils pas plus étroite ? Ils n'auront connu que les quelques années écoulées entre leur acte de naissance et leur acte de décès. Nous, sur la terre des ancêtres, nous aurons parcouru toute une suite de siècles ; nous aurons augmenté nos jours de tout un nombre de jours dont les traces subsistent dans les livres et les écrits, dans les murailles du moyen âge et dans celles des temps romains, dans les dolmens des Galloligures et jusque dans les grottes de leurs prédécesseurs innommés. Et comme à chaque pas nous rencontrons des souvenirs, nous l'en aimons davantage, cette terre natale, et elle nous le rend en intimes joies.

Après l'audition de ce rapport, M. le Secrétaire général de l'Académie a donné lecture du palmarès des Concours que nous reproduisons ici-même. Chacun des lauréats, du moins de ceux qui assistaient à la séance, est venu recevoir des mains du Président, les récompenses qui lui étaient attribuées.

PALMARÈS DES CONCOURS

OUVERTS PAR L'ACADÉMIE DE VAUCLUSE

à l'occasion du VIe Centenaire de la Naissance de Pétrarque.

I. CONCOURS HISTORIQUE.

Jury : MM. le Président et le Secrétaire général de l'Académie, membres de droit ; Cartoux, professeur au Lycée ; Dr Laval, Limasset, Mouzin.

Premier prix, médaille de vermeil : M. l'abbé H. RAYMOND, d'Avignon.

Pas de second prix.

Troisième prix, médaille d'argent : M. Jacques DELMAS, de Marseille.

II. CONCOURS POÉTIQUE.

Jury : MM. le Président et le Secrétaire général de l'Académie, membres de droit ; Didiée, Limasset, Mouzin, membres de l'Académie de Vaucluse ; P. Devoluy, capoulié du Félibrige ; baron Guillibert, secrétaire perpétuel de l'Académie d'Aix ; Édouard Aude et marquis de Gantelmi d'Ille, membres de l'Académie d'Aix.

Hors série pour l'ensemble de ses poésies françaises et provençales. *Prix,* estampe offerte par M. le Ministre de l'Instruction publique et des Beaux-Arts et palme de vermeil : Mlle HOUCHART, d'Aix.

POÉSIE PROVENÇALE.

Premier prix, estampe offerte par M. le Ministre de l'Instruction publique et des Beaux-Arts et palme de vermeil : M. François FÁVIER, d'Avignon.

Deuxième prix, médaille de vermeil : M. Antonin BERTHIER, de Beaucaire.

Troisième prix, médaille d'argent, *ex æquo* : MM. Antoine CHANSROUX, de Beaucaire, et Joseph REYNAUD, de Salon.

Quatrième prix, médaille de bronze : M. Henri MARTEL, de Châteaurenard.

PoÉSIE FRANÇAISE.

Pas de premier prix.

Deuxième prix, palme d'argent, *ex æquo* : MM. Jean CONVERSET, capitaine au Ministère de la guerre, à Paris, et François MARTIN, d'Avignon.

Troisième prix, médaille d'argent, *ex æquo* : M. Joseph AMIC, d'Avignon ; Mme Suzanne ARDOIN DE RENAISAN, de Lille ; Mlle Marie-Thérèse ISNARD, d'Avignon.

Quatrième prix, médaille de bronze, *ex æquo* : MM. Edmond MARTIN et René MARTIN, de Paris.

III. CONCOURS ARTISTIQUE.

Jury : MM. le Président et le Secrétaire général de l'Académie, membres de droit ; le Dr R. Roux, président de section à l'Académie de Vaucluse ; Grivolas, directeur, Bourges, Vernet et Vionnet, professeurs à l'École municipale des Beaux-arts d'Avignon ; Biret, professeur à l'École municipale professionnelle d'Avignon.

Pas de premier prix, les concurrents n'étant pas entrés dans l'esprit du programme qui leur avait été imposé.

Deuxième prix, palme de vermeil : M. Marius JOUVE, du Barroux.

Troisième prix, médaille de vermeil : M. Gaston BARBENTAN, d'Avignon.

Quatrième prix, médaille de bronze : M. Félix ASTAY, d'Avignon.

Mention honorable : M. Paul CAZOT, d'Avignon.

La séance a été levée aussitôt après la proclamation des lauréats. Mais les assistants eurent encore l'agréable surprise d'entendre, avant de partir, les Cigalettes d'Avignon chanter avec une justesse d'ensemble parfaite et un exquis sentiment des nuances *Vau-Cluso*, le poème d'Aubanel mis en musique par Borel. Comme pour le chœur des *Magnanarelles*, ces gracieuses jeunes filles étaient dirigées par Mlle Guitera et Mme Imbert-Moreau. Des applaudissements nourris ont témoigné combien elles avaient plu.

Dans le compte rendu de cette séance solennelle nous avons le regret de ne pouvoir insérer le texte du discours que M. Raqueni, secrétaire général et délégué de la Ligue franco-italienne, a prononcé après M. R. Bonafous. Ce texte, qui devait être communiqué par l'orateur, ne nous est pas encore parvenu au moment où nous donnons le bon à tirer de cette feuille. Pour que le souvenir de l'allocution de M. Raqueni ne se perde pas, nous en empruntons un résumé au journal *Le Mistral*, qui, dans son numéro du 20 juillet 1904, a donné un récit très complet des fêtes du Centenaire :

« M. Raqueni, délégué de la Ligue franco-italienne, célèbre à son tour le plus grand poète de la Renaissance italienne, qui a eu sur la littérature française une si grande influence.

« Cette influence joua un grand rôle dans le rapprochement des deux sœurs latines.

« La fête d'aujourd'hui trouvera un écho des plus sympathiques de l'autre côté des Alpes qui aime et qui chérit la France.

« A Rome, on célébrera bientôt le poète Victor Hugo. Cette célébration consacrera d'indestructible façon l'union de la France et de l'Italie.

« A Paris, un buste de Pétrarque, dû à un sculpteur florentin, sera prochainement inauguré par la Ligue franco-italienne. Il en sera fait don à la ville d'Avignon.

« Ainsi la patrie de Pétrarque se rapproche chaque jour davantage de la patrie de Victor Hugo, de Lamartine et de Mistral. »

*   *

Les fêtes populaires se sont déroulées dans l'après-midi de cette même journée du 17 juillet. Favorisées par un temps merveilleux, elles avaient attiré dans Avignon une foule immense d'étrangers.

La principale attraction fut constituée par une cavalcade, pour la préparation de laquelle le Comité des fêtes de charité avait apporté le plus grand dévouement et qui eut un plein succès. Nous empruntons à un journal local, *Le Courrier du Midi*, la description des chars et groupes les plus remarqués :

« Sociétés et particuliers avaient rivalisé de zèle pour organiser des chars et des groupes, dont quelques-uns étaient admirablement réussis.

« Le *Panier de Bébés*, de MM. Puig et Chantron, qui ouvrait le défilé, était d'une fraîcheur et d'une élégance parfaites, dans des tonalités blanches et mauves bien appropriées à la grâce enfantine.

« Dans la même note, il faut citer le *Char de l'Amour*, de M. Nicolet, avec ses mignonnes fillettes.

« Le *Char des Anges*, de M. Marius Boyer, un automobile transformé en nuage de gaze blanche, d'où émergeaient des angelets tout blancs, actionnant de mignonnes bicyclettes blanches sous un dôme également blanc.

« Le *Char de la Photographie*, par M. Florent Miésienski, contrastait au contraire par les tons noirs des accessoires photographiques et les costumes clairs des demoiselles symboliques qui les couronnaient.

« Le *Char des Fleurs coupées*, de M. Vigne, donnait l'illusion d'une agréable corbeille de jardin ambulant.

« Le *Char du Commerce*, de M. Chabrier, formait un ensemble aussi gracieux que varié avec les charmantes personnes dont la première était heureusement armée d'un petit javelot, qui n'était pas de trop pour les défendre des œillades dont elles étaient l'objet.

« Les chars des Sociétés étaient naturellement de plus grandes dimensions pour contenir un grand nombre de membres, et pour quelques-uns cette prolixité avait obligé à un peu de lourdeur.

« Pour ne pas nous étendre outre mesure, force est de les grouper.

« Chars agricoles : Celui des maraîchers avignonais était fort gracieux avec ses fillettes en costumes locaux et les productions variées du terroir, le tout précédé d'une moissonneuse à sonnettes très originale.

« Le *Char de Saint-Éloi de Rognonas* était au-dessus de tout éloge avec ses chevaux richement harnachés et ses belles provençales en riches costunes traditionels. « *Honneur à Saint Éloi* », comme disaient les inscriptions, et aux membres de sa confrérie si fidèle à toutes nos fêtes avignonaises !

« Les chars scolaires sont à louer vivement et tout particulièrement l'un d'eux pour ses inscriptions patriotiques.

« Les chars à musique au nombre de six, y compris celui des *Cigaletes de Mimi-Pinson*, de la *Studiantina*, de l'*Art musical* (M. Gaëtan Autiero), de la *Sainte-Cécile* (M. Joseph Autiero), avaient chacun leur originalité propre, en forme de *Contre-basse* (Philharmonique), de *Grosse Caisse* (Lyre avignonaise), etc...

« Les *Travailleurs français* et les *Prévoyants* avaient aussi des chars avec allégories très bien appropriées. L'aimable jeune fille qui symbolisait la Prévoyance a déjà dû recevoir les demandes d'une foule de prétendants, car elle tenait à la main un fort rouleau avec l'inscription : *Titre de rente.*

« L'*Étang des Grenouilles* était une création tout à fait inédite et très remarquée de M. Armand Combe.

« Le *Char du Stade Avignonais* était imposant avec son appareil antique et son cortège de cavaliers romains.

« Le *Char de Pétrarque* fermait la marche. Le sujet imposé à l'habile décorateur, M. Maurou, ne lui avait pas permis de faire valoir toutes ses excellentes qualités. Une réduction de la merveilleuse Fontaine de Vaucluse avec rochers étagés en gradins pour la mise en place de personnages, rappelle forcément un peu le faire des crèches, comme le disait lui-même spirituellement M. Maurou dans une de ces boutades méridionales qui lui sont familières.

« Une citation élogieuse pour les groupes Charles IX et surtout celui de François Iᵉʳ.

« Et enfin les plus vives félicitations à notre excellent ami, M. Folco de Baroncelli et à son groupe si pittoresque et si applaudi des *gardians* avec leurs Camarguaises en croupe. Jamais on n'avait encore vu chez nous ce tableau de mœurs provençales, qui évoquait le souvenir des landes et des manades des Saintes-Maries-de-la-Mer. »

Ce dernier groupe, si élégant, a même inspiré à M. le comte Pinchia le sonnet, que nous sommes heureux de publier, d'après le journal avignonais *Le Mistral* :

LA CAVALCATA DI FOLCO BARONCELLI

IN AVIGNONE LI 17 LUGLIO 1904.

Trasvolò, Folco, il tuo corteo gentile,
bello di rusticana poesia,
come un ricordo di cavalleria
fiorente in un mattin primaverile.

Trionfava la grazia femminile
sui bianchi cavallucci in allegria ;
di Provenza dicean la cortesia
le donne avvinte con garbo infantile.

In elle ardente si allumava il raggio
della Camarga di smeraldo. Avieno
l'orgoglio i cavalier del vago viaggio,

recando in groppa la prescelta ! In pieno
vento ! Nè mai giustacuore di paggio
sfiorò di dama più giocondo seno.

Le Banquet.

Dans la grande salle de la Bourse, mise obligeamment à la disposition de l'Académie par la Chambre de commerce d'Avignon, quatre-
vingts personnes prirent place à 7 heures 1/2 au banquet officiel.

A la table d'honneur, présidée par M. le baron de Vissac, se trouvè-
rent MM. le comte Pinchia, représentant du Gouvernement italien ; R.
Bonafous, représentant de M. le Ministre de l'Instruction publique et
des Beaux-Arts ; Masclet, préfet de Vaucluse ; Guis, président du
Conseil général ; Guérin et Béraud, sénateurs ; Coulondre, député de
Vaucluse ; Guigou, maire de la ville d'Avignon ; Ruat, président de la
Chambre de commerce d'Avignon ; Deltel, secrétaire général de la
Préfecture de Vaucluse ; Raqueni et Bouet, secrétaire général et secrétaire de la Ligue franco-italienne ; Saint-Martin, conseiller général et
président du Syndicat d'initiative de Provence ; Francion, président
du Comité des fêtes de charité ; Joleaud, vice-président de l'Académie ;
Labande, secrétaire général, etc. A ce banquet assistaient encore, à
côté des membres de l'Académie, les délégués des diverses Sociétés
savantes qui s'étaient fait représenter aux fêtes du Centenaire et la
plupart des membres du Comité des fêtes de charité.

Le menu était très élégamment décoré par M. Gabriel Bourges,
ancien président de l'Académie ; en un dessin d'un style et d'une
correction parfaites il avait représenté la première rencontre de Pétrarque et de Laure en l'église de Sainte-Claire d'Avignon le 6 avril 1327.
On a dit très justement que cette composition « eût été digne de
figurer comme précieuse miniature dans le missel que l'amie du poète
tient à la main ».

Au dessert, M. le Préfet de Vaucluse s'est levé et a porté le toast
suivant :

Monsieur le Ministre,

Au cours de ma carrière, et surtout pendant les cinq
années écoulées dans ce beau département de Vaucluse,
où la confiance que les élus du suffrage universel ont
bien voulu m'accorder, où la bonne affection dont m'a
honoré la population avignonaise, m'ont rendu si facile

l'accomplissement du devoir, j'ai eu bien des heures d'intime et profonde satisfaction.

Mais ces satisfactions ne sont rien, comparées à celles que j'éprouve depuis deux jours que nous avons le grand honneur de vous posséder.

Je suis heureux de saluer en vous le cœur et le génie latins, si heureusement incarnés dans votre personne. Je regrette que vos moments parmi nous soient comptés, mais j'espère que vous emporterez de ces quelques jours le même souvenir que celui que nous vous garderons. Vous emportez beaucoup de notre cœur; laissez-nous un peu du vôtre.

Messieurs, il m'appartient de remplir un devoir, et ce devoir m'est bien cher : je vous convie tous à boire avec moi à la prospérité de la nation italienne, et à lever nos verres en l'honneur de Sa Majesté le Roi d'Italie, de Sa gracieuse Majesté la reine Hélène, et de sa Majesté la reine Marguerite.

S. E. le comte Pinchia a répondu ainsi :

Le Gouvernement italien est heureux d'avoir répondu à votre aimable invitation. Pour moi, mon cœur a tressailli de joie, car mon imagination s'envolait bien souvent vers ce pays enchanteur qui parle à l'âme le beau langage de poésie et d'amour.

Pendant ces deux jours passés, j'ai reçu la plus grande, la plus large, la plus aimable hospitalité. Pendant ces deux jours j'ai été l'objet de la sollicitude, de l'amabilité constante du digne représentant de la nation française qui possède en lui cette vivacité d'esprit, cette ouverture d'âme qui se retrouve chez vos compatriotes.

Ici je me suis cru presque chez moi, grâce à lui, et je l'en remercie.

Je porte un toast au brillant personnage qui gouverne la nation française, au Président de la République, à sa digne et noble épouse, à la gloire, à l'avenir de la République française.

Ce toast et celui de M. le Préfet de Vaucluse ont été écoutés debout par toute l'assistance, qui a chaleureusement applaudi les sentiments qui y étaient exprimés.

M. le baron de Vissac, président de l'Académie de Vaucluse, a été non moins applaudi, quand il a prononcé l'allocution suivante :

Un de nos plus spirituels vaudevillistes a prétendu que :

> Pégase est un cheval qui porte
> Les grands hommes à l'hôpital.

Eh bien ! notre vaudevilliste s'est spirituellement trompé.

Pégase vient en effet, pour la troisième fois, de conduire Pétrarque, non pas à l'hôpital, mais au Capitole vauclusien, confondant volontiers sur sa route la fontaine de Vaucluse avec celle d'Hippocrène. La musique, la poésie, l'éloquence ont tenu les rênes du char, déguisées sous les traits d'habiles professeurs et artistes du Conservatoire, de gentilles Cigalettes, de Camènes inspirées ou de savants académiciens.

Ce fut la glorification ; ce fut l'apothéose.

A qui faut-il reporter le succès de ces deux journées inoubliables consacrées au culte du génie et de l'idéal ?

A vous tous, Messieurs, qui avez fait cortège au triomphateur et qui avez ouvert vos mains pleines de fleurs pour en joncher la voie triomphale.

D abord au groupe officiel du cortège, *presidium et decus* de notre réunion, représentant de Monsieur le ministre de l'Instruction publique, administrateur du département, sénateurs, députés, président du Conseil général, fonctionnaires de haut rang, qui, après nous avoir assisté de leur appui et de leur bienveillance durant la période d'organisation de nos fêtes, leur ont apporté aujourd'hui le prestige de leur illustration personnelle, de leur haute situation et de leur éloquence ;

A Monsieur le Sous-Secrétaire d'État tialien, qui possède, comme son beau pays, le don de captiver et de séduire. Nous sommes encore sous le charme de sa parole et de son esprit, dont l'écho se répercutera dans les annales de notre Société en une page mémorable. Puisse-t-il emporter de la cité avignonaise et de la terre provençale une impression aussi favorable que restera fascinateur dans nos cœurs le souvenir de son trop court passage parmi nous;

A la municipalité d'Avignon, qui, à la magnificence de son hospitalité dans les somptueux salons de l'Hôtel de ville a ajouté la munificence des libéralités dont elle pouvait disposer. Il nous sera doux d'avoir Monsieur le Maire et Messieurs les Adjoints pour interprètes de notre gratitude auprès du Conseil municipal;

Au Syndicat d'initiative de Provence et au Comité d'organisation qui, avec un zèle aussi intelligent qu'infatigable, ont juxtaposé à nos fêtes littéraires de brillantes réjouissances populaires, faisant ainsi de notre joie, une joie commune à tous, joie pure et sans arrière-pensée, puisqu'ils les ont auréolées du charme magique de la charité. Je suis heureux de constater que les deux présidents du Comité et du Syndicat figurent parmi les membres titulaires de l'Académie de Vaucluse et que le dernier est en outre l'auteur d'un des ouvrages les plus remarquables sur Vaucluse et sur Pétrarque, sortis de la plume d'un de nos compatriotes.

A Monsieur le Président et aux membres de la Chambre de commerce d'Avignon, chez qui nous sommes en ce moment. Trop souvent notre Chambre de commerce a émis des vœux et formulé des propositions tendant au rapprochement des deux pays amis au point de vue commercial et économique, pour ne pas s'être prêtée avec empressement à une manifestation révêtant un caractère de sympathie internationale.

Je fais remonter encore la réussite de nos fêtes aux sociétés littéraires et scientifiques de toute la région du Sud-Est, qui nous ont prodigué le relief de leur notoriété et l'inépuisable trésor de leurs recherches et de leur savoir. Rien n'est beau et fécond comme cette confraternité littéraire qui groupe les efforts vers un but commun, la science, en rapprochant les âmes d'un même lien, l'affection. Je ne puis citer toutes les compagnies qui nous ont honoré de leur concours, mais le nom de leurs délégués ne s'effacera pas de nos mémoires.

Je ne saurais oublier non plus le Félibrige de Provence, dont la verve et l'entrain ont procuré à nos réunions un piquant des plus capiteux. La poésie félibréenne, vous avez pu vous en apercevoir, n'est pas une poésie ordinaire, simplement hexamétrique, au tempérament constipé. Non, c'est quelque chose comme de la poésie en bouteille; elle pétille, elle mousse, elle éclate, elle fait sauter le bouchon. De l'oreille elle monte au cerveau. J'aime à proclamer que l'illustre Mistral, petit-fils de Pétrarque, figure parmi les membres d'honneur de notre Académie.

Enfin il serait injuste de ne pas donner un témoignage particulier de gratitude à la Presse, sans le concours de laquelle les meilleures idées risquent souvent de demeurer stériles. La presse locale, la presse régionale, je dirai même la presse parisienne, nous a largement et gracieusement ouvert ses colonnes, indiquant au public non seulement le fait brutal, mais le pourquoi du fait, sa portée morale, faisant ainsi à notre profit la plus féconde des propagandes.

A vous tous, Messieurs, au nom de l'Académie de Vaucluse, cordialement merci.

Continuons toujours à célébrer nos illustrations et nos gloires; c'est encore un des meilleurs moyens d'honorer sa patrie.

Nous allons nous séparer bientôt, mais auparavant laissez-moi exprimer le vœu que nos cœurs, un moment unis dans cette commémoration, ne se séparent pas et que le souvenir de cette fête les rapproche, au contraire, souvent.

Avec une coupe que l'on ne saurait trop remplir d'un vin mousseux comme la poésie félibréenne de Pétrarque, je porte la santé des hôtes de l'Académie.

M. Guigou, maire d'Avignon, que la municipalité d'Arezzo avait chargé de la représenter, prit ensuite la parole pour envoyer au syndic et à la municipalité de cette coquette ville les sympathies du peuple avignonais.

M. le député Coulondre, avec un tact parfait, une éloquence à laquelle on ne peut que rendre hommage, expliqua que la réunion de ce jour rappelait le souvenir de la visite du Président de la République française à l'Italie, qui lui fit le plus chaleureux accueil.

Pour assister à nos fêtes, dit-il, l'Italie a envoyé le chevalier Emilio Pinchia, qui a la réputation justifiée d'un orateur éloquent, d'un homme d'État remarquable.

Ce choix indique nettement quel est le caractère de cette fête.

Il ne faut pas s'y méprendre. Il ne s'agit pas seulement de fêter le centenaire de Pétrarque, mais de raffermir de façon définitive l'amitié entre deux grandes nations latines.

Le ministre Chaumié n'a pu venir. Il aurait dit l'accueil qu'il reçut dans ces cités italiennes si riches en souvenirs français.

Si l'Italie s'est ainsi rapprochée de la France, c'est qu'elle a pu voir notre patrie se relever fièrement de ses désastres et prendre une attitude si ferme, tout en restant si pacifique.

Mais l'Italie avait-elle besoin de cela pour ce rapprochement ? Il suffirait en effet de faire appel aux qualités charmantes que les deux peuples possèdent en commun, car les deux peuples marchent vers l'idéal, avec les mêmes sentiments libéraux et humanitaires.

De ces esprits sages, vous étiez, Monsieur le Ministre, la personnification fidèle, haute et aimable. Vous possédez un esprit gaulois, dont plus d'un français serait jaloux, et l'on peut bien dire ici, en Provence, que vous êtes bien le plus français de tous les Italiens.

M. Coulondre a indiqué enfin que le voyage de M. Loubet à Rome, après celui du roi d'Italie à Paris, a rétabli l'harmonie entre les deux nations, raffermi et consolidé les liens de fraternelle amitié entre la France et l'Italie.

Il a terminé son allocution en buvant à la fraternité latine.

A VAUCLUSE

A AVIGNON

Compositions de M. Gabriel Bourges pour les banquets des 16 et 17 juillet.

M. le sénateur Guérin, en portant un toast, lui aussi, au peuple italien, s'exprime en ces termes :

Je suis heureux de prendre part à ces fêtes qui sont non seulement celles de la littérature, de l'esprit et de la poésie, mais la consécration de l'union intellectuelle de la France et de l'Italie, la consécration de l'union politique devant apporter l'accord nécessaire à la cause sacrée de la civilisation et de la patrie.

On se demande comment deux peuples si bien faits pour s'entendre ont pu avoir si longtemps des malentendus perfidement exploités.

Aujourd'hui, les deux peuples ne se souviennent que de leur commune origine.

Paris, M. le Sous-Secrétaire d'État, a fait à votre gracieux souverain un accueil chaleureux. Puis, ce fut toute l'Italie, qui, à Rome et à Naples, salua le chef aimé et respecté du gouvernement de la République.

Cette fête aidera encore à l'union des deux pays.

Je suis heureux d'exprimer ici notre sympathie au représentant charmant, distingué, qui a conquis tous les cœurs.

M. le sénateur a bu, en terminant, à l'union toujours plus intime et toujours plus féconde de l'Italie et de la France.

M. Béraud, sénateur de Vaucluse, prié par MM. Raqueni et Bouet, de la Ligue franco-italienne, de prendre la parole en leur nom, dit ce qui, selon lui, séparait jusqu'à ce jour les deux pays et rappelé qu'il assista aux fêtes garibaldiennes de Caprera.

« Désormais, rien ne nous sépare, tout nous unit, peuvent dire les peuples de France et d'Italie. »

Et le sénateur, après avoir rappelé que 5o.ooo Français tombèrent sans regret pour l'Italie dans les plaines lombardes, espère voir un jour la statue de Garibaldi s'élever en plein Paris.

Ce vœu a clos la série des discours et bientôt le banquet prenait fin.

Pendant ce temps la ville avait été brillamment illuminée ; sur les places publiques, des concerts avaient lieu, qui furent continués par des bals et réjouissances se prolongeant pendant une grande partie de la nuit.

Ces [réjouissances continuèrent encore le lendemain, 18 juillet ; elles furent couronnées, après un dernier concert à la promenade de l'Oulle, par un feu d'artifice très nourri, qui fut tiré sur les bords du Rhône.

Le mardi 19, les délégués avignonais et vauclusiens aux fêtes d'Arezzo, tous membres de l'Académie de Vaucluse, partaient pour assister à leur tour aux cérémonies que la ville natale de Pétrarque célébrait pour l'anniversaire de sa naissance. C'était MM. le Dr Laval, représentant la cité avignonaise ; Amalbert, représentant la commune de Vaucluse dont il est maire ; Raymond Bonnecaze et Edmond Capeau, représentant l'Académie de Vaucluse. Ils allaient être reçus des plus courtoisement à Arezzo, prendre leur part des nouvelles manifestations en l'honneur du poète et porter le salut d'Avignon et de Vaucluse au peuple italien. Tour à tour, MM. Laval, Amalbert et Capeau, dans les allocutions qu'ils prononcèrent, exprimèrent, avec leur admiration pour Pétrarque, leurs sentiments de vive sympathie pour ses compatriotes.

Le souvenir du sixième Centenaire de la naissance de Pétrarque n'est pas près de s'éteindre dans la mémoire du peuple avignonais. D'autre part, l'Académie de Vaucluse, qui a pris l'initiative de ces fêtes et organisé les séances littéraires de Vaucluse et d'Avignon, est heureuse du succès qu'elle a obtenu ; elle est fière encore d'avoir contribué à la commémoration du grand poète dont s'honore l'Italie et d'avoir participé, dans sa sphère, à l'œuvre d'intime union des deux nations, dont se sont félicités les différents orateurs du banquet d'Avignon. Elle a donc conscience d'avoir accompli œuvre utile.

APPENDICE.

LES DÉLÉGUÉS DE L'ACADÉMIE DE VAUCLUSE
AUX FÊTES D'AREZZO.

EXTRAIT DES « IMPRESSIONS D'ITALIE »
DE M. EDMOND CAPEAU.

Partir, c'est mourir un peu, dit-on. Partir pour l'Italie, c'est renaître à la vie ; c'est aller faire au pays de Virgile et de Dante, à la patrie des artistes et des arts, un pèlerinage toujours trop court.

Partir pour l'Italie, c'est renaître, renaître à la vie qui n'est rien sans les nobles aspirations de l'art et de la pensée.

Et la joie s'augmente encore quand il s'agit, après avoir assisté aux fêtes de l'Académie Vauclusienne célébrant Pétrarque et ses immortelles *canzoni*, de venir représenter aux fêtes d'Arrezzo la Provence reconnaissante de ce que l'amoureux de Laure de Noves a, par ses vers, aidé à l'union plus intime des deux nations sœurs, que des malentendus trop souvent séparèrent, mais dont rien ne peut briser les liens originels ; tels des membres de la même famille, momentanément divisés, voudraient en vain renier le sang qui coule dans leurs veines.

D'autant qu'une surprise à l'arrivée nous attendait. Depuis la veille le train nous a conduits, et le voyage à peine a paru long, et voilà que nous nous retrouvons comme en Provence. Au ciel d'un bleu plus éclatant, le soleil d'un or plus vif resplendira. Mais, avec quelques variantes heureuses, les mêmes plaines, d'un vert à peine un peu plus grisâtre, les mêmes montagnes où surgiront cependant des oliviers géants apparaîtront. Et l'accent doux et chantant des Arétins aura des inflexions calines et tendres, auxquelles notre Midi depuis longtemps nous habitua.

Cette réalité a l'air d'un rêve. On a, de là-bas, la vision chère du pays de France, sans compter qu'à travers les branches posées, rieuses et gaies, les cigales italiennes susurrent pour nous leurs chansons au rythme monotone, que Félix Gras et Paul Arène aimaient tant à entendre, non loin d'Avignon, sur les bords du Rhône aux flots bruyants et rapides, sous l'ombre des grands chênes verts, près des routes blanches de poussière que de si saisissante façon représente en ses toiles le maître Paul Saïn.

Comment nier après cela la similitude, la ressemblance étrange, frappante, la parenté intime, étroite, malgré tout, je ne dirai point de la France, mais de la Provence et de l'Italie ?

Toulon, Nice, Monaco, Monte-Carlo, Menton tour à tour apparaissent et nous arrivons à Vintimiglia.

Nous sommes en Italie. Il est deux heures du matin alors que nous traversons la Nervia.

Presto ! Presto ! Signori. Nous montons dans le train. Partenza ! Partenza ! Pronti ! Les portières se referment et nous filons le long de la « Riviera »; nous suivons la mer immense aux flots bleus, à l'aspect changeant qui, pendant des heures et des heures où nous nous extasions à la contempler, nous attire et nous charme, car le petit jour maintenant s'est levé. Les tunnels succèdent aux tunnels.

Genova, Pisa, Firenze, ce fut une féerique vision !

*
* *

De 9 heures du soir à 2 heures du matin, nous filons via Arezzo. Nous voilà arrivés, au milieu de la nuit. La petite cité où résida Pétrarque dort tranquille en ce moment. Mais les membres du Comité, au moins certains d'entre eux, prévenus de notre arrivée, nous attendent.

Eux connaissent peu le français ; nous ne connaissons pas du tout l'italien. On entend d'ici l'amusant colloque international. Mais nous disons nos noms. On nous indique la *casa* vers laquelle nous devons nous diriger. Et chaque délégué, conduit séparément dans un landau, est, dans une galopade, amené au logement que, pendant son séjour, il doit occuper.

L'hospitalité toscane est proverbiale. Arezzo n'a jamais failli à ce devoir que nous nous habituons, en France, égoïstes que nous sommes, à considérer comme une corvée, car elle gêne nos habitudes. Les Arétins donnent à leur hôte la partie la plus belle de leur maison, modeste ou somptueuse. Ils mettent à leur disposition la plus grande partie du personnel dont ils disposent. Nous étions, en ce qui nous concerne, logé en une antique demeure, un véritable palais, somptueusement empli de meubles anciens, de tableaux de prix, ayant à notre disposition antichambre, salon, chambre à coucher, boudoir resplendissant sous la clarté des lampes électriques, et, sans que l'on nous demande jamais l'heure de notre sortie, celle de notre rentrée, un domestique attendait dans le couloir ou dans la rue, nous conduisant à notre logement ou jusque sur le pas de la porte, avec le corps incliné jusqu'à terre et l'éternel « *Salute, signor* » tant de fois par nous entendu.

A deux heures du matin, nos hôtes nous attendaient, et, noir et poussiéreux, après un aussi long voyage, nous pouvions prendre un repos nécessaire pour nous préparer à assister à la seconde journée des fêtes.

Sur une des tables sont les nombreux *biglietti d'invito per la Commemorazione di Francesco Petrarca nel Politeana Aretino ; per il Concorso Bandistico Umbro-Toscano ; per l'accesso alla Esposizione dei projetti per il Monumento al Petrarca nel Palazzo della R. Scuola normale femminile, in via Garibaldi ; per il libero accesso nelle sale di Accademia delle RR. civiche Stanze dei Costanti in Arezzo, in occasione delle feste del VI Centenario della nascita di Francesco Petrarca,* dont *il locale è aperto dalle ore 9 alle 24* ; car, en Italie, il est d'usage de compter les heures de 0 à 24 à partir de minuit.

Il y a aussi les invitations à prendre part *al ricevimento che ara luogo al Municipio,* chez le maire estimé, *il Sindaco,* comme on dit là-bas, *dottore Antonio Guiducci ;* l'invitation *al banchetto nelle locale delle civiche Stanze in onore de S. E. Orlando, Ministro della Istruzione publica,* banquet où le baron Guillibert, dénommé là-bas, en plus de sa qualité bien connue et fort appréciable en somme de « felibre di poutoun ! », président de l'Académie des Félibres, mais qui représentait, plus particulièrement et très dignement, la docte assemblée de l'Académie d'Aix, portait un brinde en l'honneur de la Reine-Mère, *alla Regina Margherita,* et disait « *in onore della Augusta Donna* » des vers en langue provençale.

Mais nous avons manqué cette première journée à laquelle assistait le comte de Turin, aujourd'hui reparti pour Rome et que nous reverrons dimanche.

Après une courte visite aux monuments d'Arezzo, effectuée en compagnie de nos hôtes nous servant de *ciceroni,* et que nous referons tout à l'heure avec l'Académie d'Arezzo, nous nous trouvions dans la salle du *Politeana Aretino,* où se réunit le *Comitato per le Onoranze al Petrarca* à l'occasion de *l'inaugurazione del Congresso Petrarchesco.*

*
* *

Imaginez un petit théâtre, ou plutôt une élégante salle de concert avec de coquettes loges sur le pourtour, un parterre où trois mille spectateurs peuvent trouver place, une scène large et vaste sur laquelle sont en ce moment assemblés des délégués de tous les points du monde pour glorifier Pétrarque.

Le ministre Orlando préside. Il est jeune encore, il porte beau sous son allure simple et fière, dont la rudesse est atténuée par l'éclat des yeux d'une grande douceur d'expression. Les discours se suivent. Le maire Guiducci, le ministre, le président de l'Académie d'Arezzo, il signor Gamurrini, qui apporte aux congressistes le salut de la vieille cité arétine, prennent successivement la parole.

Le Bureau du Congrès est nommé. On acclame président, pour la section italienne, M. Hortis, délégué de Trieste ; pour la section française, M. Pierre de Nolhac, et comme secrétaire général, le professeur de Gubernatis, de Rome. Le grand-duché de Luxembourg, Livourne, New-Haven, Corfoue, l'Autriche, Varsovie, l'Université de Cambridge, Sienne, Boston, Pavie, New-York, Cagliari, San-Sepolcro, Budapest, comme Firenze et Roma, Avignon et Vaucluse sont également représentés.

En langue différente chacun dit ses sentiments d'admiration pour le grand poète dont on célèbre le centenaire de la naissance, son amitié pour l'Italie.

Le professeur Cabadé représente le ministre de l'Instruction publique de France. Il parle au nom de notre pays ; le docteur Laval, au nom d'Avignon ; le maire de Vaucluse annonce l'inauguration prochaine d'une statue de Pétrarque à côté de sa Laure immortelle.

Les paroles du délégué officiel rappelant que les deux peuples, ayant pareillement le culte de l'idéal et de la beauté, versèrent ensemble leur sang sur le même champ de bataille, furent par tous vivement applaudies.

Mais au littérateur Hortis, représentant Trieste, lequel sacrifie à la campagne irrédentiste la plus grande partie de son activité, une ovation enthousiaste fut faite. Les bravos, de longtemps, ne prirent fin. D'une loge, des poignées de papier aux couleurs de l'incorruptible Trieste furent lancées sur l'estrade. Et l'orateur les porta à ses lèvres, afin de leur donner, par son intermédiaire, le baiser reconnaissant et ému du pays qui soulevait, subitement, tant d'enthousiasme.

* *

Mais l'heure presse, plusieurs discours sont écoutés, d'autres sont supprimés, le ministre Orlando devant, à midi, prendre le train pour Rome. M. Pierre de Nolhac, lui-même, ne dit que quelques mots, très religieusement écoutés.

Maintenant la connaissance est faite, et mutuellement l'on sympathise en l'honneur de Pétrarque.

Le terrain avait été préparé déjà. Antérieurement, le sous-secrétaire d'État Emilio Pinchia avait rappelé les fêtes de Vaucluse en 1874 et les sentiments exprimés par le chevalier Nigra parlant alors des deux grandes nations, la France et l'Italie, ayant le même sang, nourries des mêmes traditions, qui aidèrent l'inspiration et le génie du grand poète, car l'Italie donna à Pétrarque la naissance, le langage, la tombe, et la France inspira l'auteur des *canzoni*.

« *Posche se l'Italia diede al Petrarca la nascità, la lingua e la tomba, la Francia gl' inspirava il Canzoniere ed il lungo sospir della più dolce musa.* »

Le professeur Angelo de Gubernatis avait, lui aussi, le 2 juillet, préparé le terrain, en parlant à l'Académie des sciences, des lettres et des arts d'Arezzo, de Pétrarque, dont la grandeur commença lors de sa venue à Avignon, alors qu'entrant dans la famille Colonna il fit la connaissance de Laure. « *La grandezza del Petrarcha incommencia dal suo ingresso nella famiglia Colonna ad Avignone e della sua conoscenza di Laura.* »

Ainsi le conférencier rendait hommage à notre belle cité, où put éclore et grandir le talent, le renom de Pétrarque, grâce aux accents que l'amour profond et pur sut lui inspirer.

Le lendemain continuait le Congrès à l'Académie d'Arezzo, dans une des salles de la Mairie de la coquette ville.

On y parla en français, en latin, en anglais. Il y fut question, notamment, de la contribution à l'*Iconographie de Pétrarque et de Laure*; l'*Identification de Laure de Sade* y fut à peu près établie, quoiqu'un orateur déclarât que peut-être jamais elle ne vit le jour ; *La commémoration de Pétrarque en Provence au siècle précédent* (1804-1874) fut présentée savamment par M. Guillibert.

Suivirent : *Les incunables de Pétrarque à la Bibliothèque Méjanes*, par Ed. Aude ; *Un vœu relatif à l'édition des œuvres du poète*, présenté par Duranti de la Calade ; *Petrarca in Ungheria* (en latin), par le professeur Hegedus ; *Petrarca nel lago di Gardo* (en anglais) per la contessa Evelyn Cesaresco Martinengo ; *Il Petrarca fanciullo nel Casentino*, par le professeur Mascetta Caracci, de Cagliari ; *Sulla iconografia Petrarchescha di Trieste*, par le professeur Attilio Hortis ; *Petrarca geografo*, par le professeur Giuseppe della Vedova, et *Publicazioni Petrarchesche che si preparano in Francia*, par Pierre de Nolhac.

Le docteur Victorin Laval parlait de la Laure de Pétrarque de façon fort documentée, très éloquemment, ainsi qu'il a coutume.

Le baron Guillibert, qui fut un peu la roue motrice du char congressiste, en l'occurrence, apporta au président une poésie improvisée par M. Cabadé. Et le délégué du ministère la lut d'une voix vibrante, qui suscita des bravos nombreux parmi l'auditoire.

La veille, au cours de l'après-midi, avait eu lieu la visite aux monuments de la cité arétine, et notamment au Musée *della Pia Fraternità*, doté de la plus élégante architecture du XIVe siècle qu'il soit possible de rêver.

*
* *

Sur la plaine verdoyante et pittoresque, Arezzo s'élève. Cette ville
de 12.000 habitants, qui sera, ces jours-ci, si pleine d'entrain, de mouvement, de bruit, offre, en temps ordinaire, la quiétude la plus complète. Les montagnes du Casentino lui servent de cadre et là-bas, dans
la profondeur du riant paysage, le Castro coule délicieusement.

Très irrégulier est le plan des rues, des ruelles qui s'en vont en
pente, que quelques rares voitures ou quelques fiacres, aux chevaux
harnachés de cuivreries brillantes, porteurs de plumets aux couleurs
voyantes, traversent de temps à autre, tandis que claque vigoureuse-
ment, joyeusement, le fouet des conducteurs. Même en ces jours, où
plus de 20.000 étrangers arriveront de Florence et des pays environ-
nants, afin d'assister à la fête historique de demain, étrangers qui se
tiendront dans les principales artères, les quartiers bourgeois tant soit
peu éloignés du centre semblent déserts, solitaires, endeuillés. On
dirait une succession de maisons closes, de méticuleuse propreté
extérieure, avec des portes généralement basses, toujours fermées,
dont plusieurs sont colorées de jaune ou de bleu. Les stores, grillages
verts, longs et étroits, sont soulevés à demi. De temps à autre, des
têtes blondes ou brunes apparaissent, le soir, semblant rêver au clair
de lune. Un chant clair parfois retentit. Quand surviennent des pas-
sants indiscrets, le store retombe brusquement, la vision disparaît, la
voix se tait, le silence se fait dans la rue redevenue déserte et qui,
jamais, ne cesse d'être décente. Les boutiques, dans les quartiers
marchands, sont simples, arrangées avec goût, sans prétention. De
ci, de là, apparaissent de véritables palais grandioses avec leurs vieux
murs rappelant tant d'historiques souvenirs.

La population se montre empreinte d'un calme, d'une douceur,
d'une tranquillité, d'une quiétude étrange. J'ai vu, le dimanche, où la
foule était compacte, des soldats, tout un escadron, conduire leurs
chevaux au milieu du public tassé près des flancs des animaux. Le
public ne criait pas. Les chevaux ne ruaient point. Chacun, tranquille-
ment, continuait sa route, sans un cri, dans l'ordre le plus parfait. J'ai
vu un cycliste pressé, renverser un piéton, et l'un et l'autre s'excu-
sant, simplement, avec de grands gestes aimables.

Entre l'exubérance de nos peuples méridionaux et le tempérament
réfléchi de cette nation toscane, solide, élégante et belle, sentant
couler encore en ses veines le sang des peuplades étrusques dont elle
est originaire, quelle différence !

*
* *

Les premiers soirs de notre séjour, le Comité des Dames Patron-
nesses nous reçut à la 22me heure, c'est-à-dire à 10 heures du soir,
dans le local du Law-Tennis et Politeana.

Au-dessus des verts massifs, la lueur électrique brillait de son plus vif éclat. Des sonorités orchestrales, mélodieuses, se firent entendre. Et longtemps habits noirs et toilettes peu décolletées, mais d'une élégance raffinée, promenèrent, échangeant, en tous les idiomes, des propos spirituels et charmants. Puis ce fut le bal : quelques valses pleines de morbidesse exécutées et dansées. Vers minuit, chacun regagnait sa demeure. Mais il y eut, entre les deux parties de la soirée, un entr'acte à noter : celui du buffet.

On peut dire que les Italiens font bien les choses. Des piles de gâteaux, de victuailles étaient entassées à profusion, d'une profusion vraiment inconnue en notre beau pays de France.

Des vins de tous crus, de toutes provenances, voisinaient. Le champagne coulait à flots, tandis que se vidaient les flacons de liqueur. Gâteaux et victuailles, liqueurs aussi, eurent à faire à forte partie, parmi tous ces amis venus de pays lointains, et ce fut un véritable assaut, duquel, en somme, chacun et chacune parvinrent à sortir vainqueurs. Gâteaux et vins, tant ils étaient nombreux, résistèrent, d'ailleurs, en partie minime, il est vrai, à d'aussi solides appétits internationaux !

* *

Le *Regio Teatro Petrarca* représentait *Tosca* chaque soir.

S'y rendre était un devoir. Y assister fut pour nous un plaisir immense doublé d'un attrait tout particulier : celui d'entendre la *musica del maestro Puccini,* jouée et chantée par des artistes italiens, sous la direction du *maestro concertatore e direttore d'orchestra Ettore Perosino.*

Quelle mélodie prenante, enveloppante et doucereuse ! Quels accents vibrants et pathétiques par instants ! Que de brio, de souplesse, de velouté dans les sonorités des instruments à cordes ! Quelle diversité de nuances exquises ! Combien ce peuple est plein d'idéal et d'aspirations vers la beauté, qui produit de tels artistes et de tels interprètes !

Les décors, brossés par des maîtres du coloris et de la perspective, servent de cadre aux scènes tragiques de *Tosca.*

Les chanteurs sont parfaits, mais exagérant trop le geste, l'expression du visage, ayant le masque trop mobile, cherchant à mettre, selon la pure méthode italienne, la plus grande intensité de vie dans les rôles qu'ils représentent, mais dépassant parfois la mesure. De telles scènes tiennent plutôt de la pantomime que de l'opéra. Il ne devient plus utile d'entendre pour comprendre.

Le *Regio Teatro* est luxueux, grandiose en sa simplicité. Des loges, peintes de clair et d'or, en forment le pourtour, et des peintures académiques de majestueuse beauté, mais qu'en France on qualifierait peut-être de légères, tant on y a horreur du nu, fût-il estompé de draperies, le décorent.

Cette ville de 10.000 âmes possède en somme un théâtre que des villes françaises de 60.000 habitants, nous en connaissons, voudraient bien échanger avec le leur.

Une des parties la plus populaire et la plus brillante des réjouissances, des *Onoranze a Francesco Petrarca in Arezzo*, fut la *Festa in costume del secolo XIV nell'Anfiteatro del Prato*.

L'Amphithéâtre du Pré est situé à deux pas du dôme qui, derrière lui, domine Arezzo.

Fête en costume du XIVᵉ siècle. Ce n'était pas un leurre. Nous eûmes la vision d'un rêve et, transportés par la pensée à six siècles en arrière, nous pûmes voir défiler devant nos yeux, en un luxe éblouissant, le cortège ayant accompagné, en 1350, Francesco Petrarca, alors que, revenant de Rome, il effectuait son entrée en sa bonne ville d'Arezzo.

Estampes antiques, miniatures, peintures ont donné des indications précieuses. Tout est d'une exactitude parfaite.

Les hérauts au galop sont venus annoncer la venue de l'homme illustre. Lentement, maintenant, le cortège descend, formant, sous le soleil, un arc-en-ciel de couleurs diaprées. Des bannières à fleurs de lys flottent, agitées par la brise d'une caressante douceur. Les chevaux des nobles Arétins caracolent. Des groupes suivent à pied. Les trompettes ouvrent la marche. Et la foule immense accourue voit défiler les *Araldi del Comune a cavallo; Trombettieri del Comune; Banditori e Pifferi, Vessilifero del Podestà; Famigli, Paggi del Podestà; Podestà Vicario, Giudici e Notari; Alfiere del Popolo, Capitano del Popolo, Gonfalone della Città, Donzelli, Vessillifero di giustizia* (valets de justice, quelque chose comme les aides à Deibler !), *Priori del Popolo, Sindaco del Comune, Famigli del Comune, Notaio del Piano, Alfieri a cavallo, Gonfalone di Fraternità, Fancelli e Rittori di Fraternità, Gonfalone dei Mercatanti e degli Artieri, Priore delle Arti, Ariefici, Gonfalone dello Studio, Lettori dello Studio, Giurisprudenti, Popolani, Paggi con bandiere, Nobili Aretini, Paggi, Gonfalone di Firenze con mazzieri e trombetti, Nobili Romani*, et enfin *Francesco Petrarca*, habillé d'une robe écarlate, à cheval, et suivi des *Palafrenieri, Nobili Romani, Cavalieri giostranti* et *Popolani*, nobles romains, cavaliers, gens du peuple, étudiants, gens de jurisprudence, gonfaloniers formant une masse de trois cents personnages d'Arezzo, sans compter les cavaliers fournis par l'armée, envoyés de Florence à cette occasion. Toutes les nobles familles, Guillichini, Albergotti, chez laquelle était descendu notre ami M. Raymond Bonnecaze, de Bacci, de Guiducci, Lombardi, étaient représentées.

Derrière, une foule de pages couraient, s'arrêtaient, représentaient la tourbe populaire acclamant le poète.

Et tout est ordonné merveilleusement. Et deux fois le cortège triomphal passe, éblouissant, au milieu des acclamations, s'inclinant au passage vers les tribunes officielles.

Les jeux à cheval qui suivirent, voltes, demi-voltes, marches par deux, par quatre, par peloton, par escadron, un sifflet servant seul à l'officier svelte et élégant qui commandait pour indiquer les mouvements, le jeu du Sarrazin lui-même, quoique d'exécution plus difficile, montrèrent à nos yeux, d'indiscutable façon, la souplesse et l'instruction parfaite de la cavalerie italienne.

Des chœurs bientôt monteront en les airs avec une pureté d'émission remarquable toute naturelle en ce pays épris d'harmonie où, par les soirs d'été, sous les fenêtres entr'ouvertes, des troubadours aiment à séjourner, jouant des airs doucereux de guitare ou de mandoline.

> *O notte pura, profonda, quieta,*
> *perche rifulgi e profumi così ?*
> *Fra suoni e canti ritorna il poeta*
> *a la dimora dei primi suoi dì.*

Ainsi chantaient les voix de charme célébrant la rentrée du poète à la demeure de ses premières années.

La Fête historique aura après-demain un recommencement.

En attendant, ce soir, *il Prato*, le Pré, est livré à la foule qui vient s'asseoir sur une herbe à peu près absente, s'y tasse et y vit quelques heures en un délicieux farniente, causant, devisant, tandis qu'un marchand ambulant offre à la vente des tranches de pastèque qu'il coupe avec le couteau dont, d'une façon très apparente, il se trouve porteur.

D'aucuns s'en vont sous les grands arbres boire de la limonade, sans verre, à la régalade, pas même en appuyant sur leurs lèvres le goulot de la petite bouteille qu'ils vident d'un trait.

* * *

« Gità in Casentino », un voyage de plaisir en Casentino, par delà les monts pittoresques dominant l'immensité des plaines luxuriantes, pouvait-on rêver excursion plus originale et plus charmante, sous le regard du dieu soleil brillant, là-haut, dans l'azur profond du ciel d'Italie d'un éclat radieux ?

A cette journée de charme et de poésie nous avait conviés l'Académie d'Arezzo. Cette association, qui donna, pendant les fêtes du Centenaire de Pétrarque, tant de preuves de sa vitalité puissante et féconde, fut créée en 1878. Elle a son siège à l'ancien monastère de la Badia, dont la loggia intérieure est due à Vasari. 6,000 volumes composent sa bibliothèque. Ses locaux sont emplis de bustes d'Arétins célèbres.

Réunions et conférences se donnent fréquemment en la docte

assemblée d'Arezzo, et l'art et la littérature y sont honorés avec la plus grande ferveur.

Casentino, c'est la Provence encore avec ses aspects divers et changeants.

Un train spécial nous amène à Poppi. Des carrioles, des voitures nous conduisent au village, où nous visitons une bibliothèque magnifique, une demeure historique, puis grimpent, par un chemin sinueux, au bruit prolongé des grelots sonores formant par la diversité de leurs tonalités une gamme bizarre, jusqu'au château où le comte Guidi offrit à Dante l'hospitalité au temps de son exil.

Le comte Goretti, de Firenze, reçoit ses hôtes avec une largesse digne des seigneurs d'autrefois. Le chianti, le marsala, le syracuse y arrosent un menu copieux autant que délicat.

Les discours se suivent pleins d'entrain, de verve, de gaieté.

Nous portons aux amis de là-bas le toast de l'Académie Vauclusienne à l'Académie d'Arezzo, celui de la Provence à l'Italie, sœur de la France, où le ciel est plus pur et plus resplendissant, où les vieux souvenirs ont pour les âmes d'artistes et de penseurs d'hypnotiques fascinations, d'enveloppantes et charmeresses attirances, l'Italie qui, grâce à la « gentillezza innata nella Toscana », faisait à ces hôtes, aujourd'hui, un accueil si cordial.

Et nous nous déclarâmes heureux que la célébration des fêtes du Centenaire de la naissance de Pétrarque fût venue cimenter plus encore l'alliance toujours existante entre la France et l'Italie.

On cria : Vive la France ! et Vive l'Italie !

Puis de nombreux chantèrent la *Marseillaise*. Aux voix italiennes celles des représentants des autres nations aussitôt répondirent. Certes, l'on est habitué chez nous à entendre, et trop fréquemment peut-être, l'hymne national, mais ici, cela ne nous paraissait pas de la même musique !

La glace est rompue. On est désormais frères et amis, au moment de se quitter. Aussi le retour fut-il à la fois joyeux et triste, joyeux des mille visions offertes par le paysage pittoresque, joyeux de se sentir les poumons emplis d'air pur et vivifiant, triste de penser qu'il est peut-être temps de gagner la frontière.

On finissait pourtant par se comprendre, en parlant latin au besoin, comme ce délégué de je ne sais plus quelle nation appelant M. l'abbé Salvator, prélat de Sa Sainteté, *dominus* Salvator ; *dominus* remplaçant le mot italien Monsignor.

Chacun, au langage de ses voisins, finissait par s'habituer.

Aussi éprouvais-je pour ma part un grand plaisir à entendre un jeune colonel, que j'avais pris tout d'abord pour un vieux lieutenant de pompiers, car en Italie un [large galon remplace pour les grades supérieurs trois des petites lisières ˮd'or auxquelles la mode militaire nous habitua en France, déclarer de très bonne foi qu'il était très heureux d'avoir fait le voyage, « lo viage », avec un « illustre orator ! » C'était de moi dont il s'agissait. En dehors de chez soi, tout le monde peut passer pour un prophète, mais il est vrai qu'en un pays où s'emploient des termes généralement exagérés et où le mot « illustrissimo » est à la mode, celui d'illustre n'était, après tout, qu'un diminutif.

Le départ d'Arezzo fut cordial et les « A revedere ! Ricordi sempre ! Viva la Francia ! Viva l'Italia ! » furent nombreux.

D'une si chaleureuse réception les délégués de Vaucluse pouvaient-ils ne pas emporter un impérissable souvenir, des regrets sincères, une reconnaissance profonde ? Bien souvent, en leur pensée, la réalité disparue apparaîtra comme en un rêve, lointain déjà peut-être, mais jamais effacé.

* * *

Quelques heures après, de nouveau, nous étions à Florence. Ville des arts majestueux, des monuments de suprême beauté, elle s'élève, véritable merveille, au pied du contre-fort des Apennins, divisée en deux parties presque égales par l'Arno que longent de magnifiques quais, l'Arno sur les bords duquel toute une population va, pendant des journées entières, se reposer dans un délicieux farniente.

Nous les apercevrons tout à l'heure, par la portière du train qui nous ramènera en France, ces amateurs de plein air, et ce sera notre dernière vision de l'Italie que cette quiétude populaire, au milieu des champs, près de l'eau claire qui, doucement, murmure, non loin des oliviers s'élevant à de prodigieuses hauteurs, des vignes qui grimpent contre les troncs, autour des branches des robustes ormeaux.

* * *

Maintenant, c'est le retour vers la mère-patrie. Le train file à toute vapeur. Vintimiglia, nous touchons à la frontière de France. Menton, Monte-Carlo, Nice, Marseille, et nous voilà chez nous, en Provence, dans cette Provence, dont Emilio Pinchia nous écrivait, récemment, qu'il en rêve et espère bien la revoir un jour.

Le Sous-Secrétaire d'État d'Italie a la nostalgie de la Provence comme on a celle du pays natal. C'est que peut-être il a retrouvé ici, comme nous là-bas, un peu de la patrie absente, avec la douce vision du même ciel au bleu si pur, des mêmes plaines si verdoyantes où naissent et meurent les mêmes oliviers aux tons grisâtres, les mêmes vignes si feuillues, les mêmes horizons si lumineux, les mêmes lointains pleins de douceur et de mystère.

.˙.

Rien ne saurait mieux que nos sentiments réciproques prouver la sympathie naturelle, la ressemblance étrange existant, malgré tout, entre deux pays sortis d'une identique race, ayant des affinités si grandes, tous deux épris pareillement d'idéal et de beauté et dont les pires événements ne sauraient porter atteinte à l'étroite et indissoluble union.

DOCUMENTS.

Dépêches de M. le Ministre de l'Instruction publique et des Beaux-Arts, à M. le Président de l'Académie de Vaucluse, à Avignon.

I.

<table>
<tr>
<td>

MINISTÈRE
DE
L'INSTRUCTION PUBLIQUE
ET DES BEAUX-ARTS

DIRECTION
DE
l'Enseignement supérieur.

5ᵉ BUREAU

</td>
<td>

RÉPUBLIQUE FRANÇAISE

Paris, le 23 juin 1904.

</td>
</tr>
</table>

Monsieur le Président,

Vous avez bien voulu m'inviter, au nom de l'Académie tout entière, à venir présider les fêtes qui seront célébrées à Avignon, à l'occasion du 6ᵉ Centenaire de Pétrarque.

J'ai l'honneur de vous annoncer que des engagements antérieurs ne me permettront pas, comme je l'avais d'abord espéré, de répondre à votre gracieuse démarche et je vous en exprime ici mes bien vifs regrets.

Agréez, Monsieur le Président, l'assurance de ma considération la plus distinguée.

Le Ministre de l'Instruction publique et des Beaux-Arts.

Pour le Ministre et par autorisation :

Le chef du cabinet,

DE MONZIE.

II.

<table>
<tr><td>

MINISTÈRE
DE
**L'INSTRUCTION PUBLIQUE
ET DES BEAUX-ARTS**

DIRECTION
DE
l'Enseignement supérieur.

5ᵉ BUREAU

</td><td>

RÉPUBLIQUE FRANÇAISE

Paris, le 12 juillet 1904.

</td></tr>
</table>

Monsieur le Président,

J'ai l'honneur de vous annoncer que je viens de désigner M. R. Bonafous, professeur à l'Université d'Aix, pour me représenter aux fêtes qui auront lieu à Avignon, les 16 et 17 juillet courant, à l'occasion du 6ᵉ Centenaire de la naissance de Pétrarque.

Je suis heureux d'avoir pu ainsi donner satisfaction au désir que vous avez bien voulu m'exprimer.

Agréez, Monsieur le Président, l'assurance de ma considération la plus distinguée.

Le Ministre de l'Instruction pnblique et des Beaux-Arts.
Pour le Ministre et par autorisation :

Le Directeur de l'Enseignement supérieur,
BAYET.

Lettres du Président du Comité des fêtes d'Arezzo en l'honneur de Pétrarque au Président de l'Académie de Vaucluse.

I.

COMITATO
PER LE
ONORANZE
A FRANCESCO PETRARCA
IN AREZZO'
sotto l'alto Patronato
di S. M. il Re.

Arezzo, le 19 avril 1904.

Monsieur le Président,

La nouvelle que l'Académie de Vaucluse, dont vous êtes le président, se prépare à célébrer solennellement le sixième Centenaire de la naissance de Pétrarque, a été très sensiblement agréée parmi nous.

J'en ai fait part le dix courant au Comité des fêtes d'honneur, qui me charge de faire agréer à vous, Monsieur, à l'Académie et aux citoyens d'Avignon et de Vaucluse, ses respects et ses remerciements les plus sincères.

Je pourrai bientôt vous transmettre le programme des fêtes qui auront lieu ici, et je vous serai bien obligé si de votre côté vous aurez l'amabilité de faire tout autant.

Je regrette bien que dans cette circonstance nous ne pourrons envoyer aucun délégué de notre municipalité parmi vous, car nous serons tous trop occupés ici. Ne doutez pourtant de notre reconnaissance ; notre cœur et notre pensée vous suivront dans ces jours où votre cité et la nôtre, rendant hommage à la mémoire du grand poète, se sentiront par le même culte idéal fraternellement unies.

Veuillez agréer, Monsieur le Président, l'assurance de mes sentiments les plus respectueux.

Le Président,
MANNINI.

II.

COMITATO
PER LE
ONORANZE
A FRANCESCO PETRARCA
IN AREZZO
sotto l'alto Patronato
di S. M. il Re.

Arezzo, li 2 luglio 1904.

All' Illmo Signore M. de Vissac, presidente
dell' Accademia di Valchiusa, Avignone.

Mi onoro di rendere informata la S. V. III^{ma} che a questo Comitato è giunta gradita la notizia delle feste letterarie di cotesta rispettabile Accademia.

Al tempo stesso, ove sia possibile alla S. V., dichiaro che sarebbe graditissimo il suo intervento alle feste Aretine, delle quali mando separato il programma. Poichè poi sarà impossibile, per la preparazione possima dei festeggiamenti, che io possa reccarmi costà o inviare un incaricato, mi pregio delegare la S. V. a rappresentare il Comitato Aretino alle onoranze che costà si renderanno al Grande Poeta ed Umanista, il quale cotanto unisce i nostri intelletti e i nostri cuori.

Con la massima osservanza.

Il Presidente,
MANNINI.

III.

Télégramme de M. Guiducci, syndic d'Arezzo, à S. E. le comte Pinchia, sous-secrétaire d'État au Ministère italien de l'Instruction publique, à Avignon.

Arezzo, 17 juillet 1904.

Lieta la città di Arezzo saluta Avignone per le feste a Francesco Petrarca che unisce Italia e Francia nella sua luce di amore e di fraterno civile progresso.

Lettre de M. Mézières, de l'Académie française,
à M. le baron de Vissac, président de l'Académie de Vaucluse.

Paris, 4 mai 1904.

Monsieur le Président,

Je vous remercie de la si gracieuse invitation que vous voulez bien m'adresser. J'aurais bien voulu pouvoir y répondre et honorer avec vous la grande figure de Pétrarque. Malheureusement ma santé m'interdit les longs voyages. J'ai trente ans de plus qu'en 1874. Ce sera mon excuse auprès de vous. J'honorerai Pétrarque à ma manière dans un article que j'ai déjà envoyé au journal *Le Temps* à propos du livre de M. Henri Cochin.

Veuillez agréer, je vous prie, etc...

A. MÉZIÈRES.

Lettre de M. Gaston Boissier, secrétaire perpétuel de l'Aca-
démie française, à M. le baron de Vissac, président de
l'Académie de Vaucluse.

Paris, 27 mai 1904.

Monsieur le Président,

J'ai attendu bien longtemps à vous répondre. Je voulais interroger tous mes confrères, pour savoir si l'un d'eux pourrait être libre les 16 et 17 juillet et répondre à votre aimable invitation. Par malheur ils sont tous pris ou par des occupations qui les retiendront à Paris, ou par des voyages qui les emmèneront ailleurs, et il ne leur sera pas possible de se trouver à Avignon et de prendre part à vos fêtes, comme le fit M. Mézières en 1874.

Ils le regrettent beaucoup et vous prient de faire agréer à MM. les Membres de l'Académie que vous présidez, toutes leurs excuses.

Veuillez agréer, etc...

Gaston BOISSIER.

Lettre de M. Paul Bourget, de l'Académie française,
à M. de Vissac.

Paris, 9 juin 1904.

Monsieur,

Votre gracieuse lettre me fait bien regretter que mon très prochain départ pour l'Angleterre ne me permette pas d'y répondre comme je le désirerais. A la date que vous mentionnez je serai si loin de Paris et pour si long-temps que le voyage à Avignon me sera matériellement impossible. Vous trouverez ici, avec l'expression de mes regrets, celle de ma reconnaissance pour votre flatteuse démarche et vous me laisserez vous dire que je serai de cœur avec vous le 16 et le 17 juillet, pour les fêtes d'un poète que j'admire entre tous.

Croyez à mes sentiments distingués.

Paul BOURGET.

Lettre de M. Gebhart, de l'Académie des Sciences morales et politiques, à M. le Président de l'Académie de Vaucluse.

Paris, 12 juin 1904.

Monsieur,

Je suis bien touché et me trouve très honoré par l'invitation que vous avez bien voulu me communiquer au nom de l'Académie d'Avignon. Le respect que je professe pour la grande mémoire de Pétrarque et le véritable amour que j'ai pour Avignon, où chaque année je passe quelques jours en heureuse rêverie, seraient des raisons très fortes pour moi d'aller là-bas, sur le Rhône, saluer le fantôme charmant de Mme Laure. Malheureusement toute cette période de l'année, et en particulier ce moment du mois de juillet, sera réservée à des obligations si diverses et si strictes, où les examens de la Sorbonne n'ont

que la plus faible part, que je me vois contraint, à mon
bien vif regret, de me dérober à votre si aimable appel.
Je vous en suis profondément reconnaissant et je vous
prie, Monsieur le Président, de recevoir pour vous-même
et pour tous vos confrères le témoignage de mon respect
et de ma bonne confraternité littéraire.

Émile GEBHART.

---

*Lettre de M. Guido Mazzoni, secrétaire de la R. Accademia
della Crusca, à M. le Président de l'Académie de
Vaucluse.*

Firenze, 19 maggio 1904.

Illustre signor Presidente,

Le porgo vivi ringraziamenti, a nome della nostra
Accademia, per l'invito alle feste che si terranno il 16 et
17 luglio p. v. a Valchiusa ed Avignone in onore di Francesco Petrarca.

Non ci è possibile determinare fin da ora se qualcuno
di noi potrà recarsi a rappresentare l'Accademia in tali
feste; perchè in quei giorni stessi si faranno in Arezzo
solenni onoranze al Poeta che vi ebbe i natali; ma saremo
certo spiritualmente accanto a coloro che celebreranno
degnamente la grandezza di Lui anche nei luoghi dov'
Egli vide Laura e così dolcemente la cantò.

Con piena osservanza mi dico, illustre signor Presidente, suo devotissimo.

L'Accademico Segretario,
Guido MAZZONI.

Télégramme de M. Zenatti, président du Comité des Fêtes de Pétrarque à Padoue, à M. le Président de l'Académie de Vaucluse, à Avignon.

Este, 16 juillet 1904.

Comitato Petrarchesco Padovano ricambia alla Provenza saluto fraterno ricevuto in Arquà, pregando S. V. rappresentarlo feste Valchiusa e Avignone.

Zenatti, presidente.

———————

Lettre du même à M. le Président de l'Académie de Vaucluse, à Avignon.

Padova, 16 luglio 1904.

Illustre sig. Presidente,

Al vostro gentile invito a presenziare le onoranze, che, auspice la benemerita Accademia di Valchiusa, la Provenza tributa a Francesco Petrarca nel sesto centenario della morte di lui, sono ben dolente di non aver potuto corrispondere per molteplici impedimenti ; ma, se non di persona, ed io e tutti i membri del « Comitato Petrarchesco Padovano » siamo presenti con l'animo a questa nuova e geniale affermazione della civiltà e della fratellanza latina, fiduciosi, che, accogliendo la preghiera fattavi per telegramma, la S. V. ci abbia concesso l'onore di rappresentarci alle feste di Valchiusa e d'Avignone.

Noi siamo lieti che il centenario dell' antico nostro Poeta, ch' ebbe così cara Valchiusa, abbia dato e dia occasione a tante manifestazioni di sincera e profonda comunanza di sentimenti e di ideali tra la Francia e l'Italia, e che Padova non sia stata ultima a parteciparvi. Iniziando qui il 19 giugno scorso le presenti feste commemorative, « quando si nomina il Petrarca — ebbimo « occasione de dire — quasi più che Arezzo et Firenze

« vengono alla mente Valchiusa ed Arquà, i prediletti
« eremitaggi del poeta, Valchiusa dove amò, Arquà dove
« si spense, piccoli paesi fatti da lui immortali, che col
« loro solo nome risvegliano affetti grandi, e — miracoli
« della poesia — più che cento ragionamenti basati sugli
« interessi materiali riescono a stringere in un amplesso
« fraterno Francia ed Italia. » Il giorno seguente, ad
Arquà, dinanzi alla sacra tomba del Poeta, avevamo la
cara sorpresa di ricevere con l'eloquente parola del prof.
Vincenzo Crescini dell' Università Padovana un doppio
cordiale saluto dalla Provenza : quello della Facoltà di
lettere di Tolosa e quello del vostro grande poeta Federico
Mistral. Poi ci venne ancora il vostro invito fraterno, ed
io, ringraziandovi cordialmente, mi sento lieto ed orgo-
glioso di attestarvi anche una volta l'affetto nostro per
voi, o fratelli di Provenza e di Francia, affetto che ha
radici così antiche e profonde e gentili.

Gradite, illustre Signore, per voi e per l'Accademia di
Valchiusa, l'espressione della mia particolare osservanza
e riconoscenza.

Dev^{mo}.

Il Presidente,
Albino ZENATTI.

Télégramme de M. Édouard Lockroy, à M. de Vissac,
président de l'Académie de Vaucluse, Avignon.

Paris, 15 juillet 1904.

Indisposé subitement ce matin. Il m'est impossible de
me rendre à votre aimable invitation. Il a fallu empêchement impossible à vaincre pour que je ne vienne pas
saluer le représentant de l'Italie et célébrer avec vous la
mémoire du grand poète latin.

Édouard LOCKROY.

Lettre de S. E. le comte Pinchia
à M. le baron de Vissac, président de l'Académie de Vaucluse.

25 juillet 1904.

Monsieur le Président,

Permettez-moi d'espérer que l'Académie de Vaucluse saura bien me rappeler, sous n'importe quel prétexte, dans ce pays charmant d'où j'emporte une espèce de renouveau d'âme. Voilà tout ce que je sais vous dire en fait de remerciement, une chose indiscrète.

Vous m'avez tant gâté ! Je souhaite ardemment de pouvoir frapper à votre porte, simple pèlerin de Vaucluse, et pouvoir causer avec vous longuement, en puisant dans vos paroles les fleurs de la vie, ce qui est votre charme et votre prestige, la poésie et la bonté.

Bien à vous.

TABLE